教師と学生が
知っておくべき

教育心理学

武田明典　編著
Takeda, Akenori

Educational Psychology
What teachers and students should know

北樹出版

は じ め に

　世界に類のない急激な速さで進行する少子高齢化社会、長期にわたる経済の低迷、広がる格差、現代日本における問題は山積みであり、世界からますます取り残されている状況です。このような状況を乗り越えていくために、改めて次世代を担う若者に対して良質な教育を提供することは私たちおとなの責務であると考えます。

　人間は家庭教育、幼児教育から始まり、大学などの高等教育、さらには、継続教育やリカレント教育をはじめとする生涯教育といった、あらゆる発達段階における教育を通じて成長していきます。そしてこれら教育の最前線に立つのが教師であることは明確です。教師の役割はますます重要になってきているといえます。このように、子どもの教育を担う教師は、ますます社会的な期待と責務が増しておりますので、教師自身もそれらの期待に応えられるだけの教育スキルをもつことがミッションとなるでしょう。

　翻って学校で対応すべき問題として、学力不振、不登校、中途退学、いじめなどの従来の問題のほかに、昨今では、顕在化する発達障害、貧困家庭、児童虐待なども加わっています。これらの諸問題に適切に対処するため、教師は各教科の専門的知識を備えた教授者という役割のほかに生活／生徒指導を行うカウンセラーやファシリテーターのような役割を兼ね備えていることが期待されます。つまり、各教科専門の学問的知識習得を基礎としつつ、教育心理学の効果的な教授法をマスターし、さらに、児童生徒への生活／生徒指導や保護者への支援のために発達心理学の理論やカウンセリングの技法を身につけていることが重要となってまいります。

　本書は、開発段階から各執筆者のニーズを共有し、北樹出版福田千晶氏のサポートを得て編集されました。教師を志望する学生を対象とし、教員採用試験に主眼をおいたオーソドックスなテキストではありますが、文部科学省コア・カリキュラムに対応し、また、各領域の第一線で活躍の研究者から学校現場の経験者まで、幅広いフィールドの執筆陣が解説を行っています。さらに採用試験頻出の基礎的理論を紹介し、とくに重要なキーワードについては章末に用語解説を行うとともに、今日的なトピックや学校場面での理論の応用例なども織り込んだ実践的な内容になっています。本書を通じて、学校教育における教育心理学について理解を深めていただけますと幸いです。

　最後に、次世代を担う子どもを育てる教師、そして、教師を目指す学生にエールを送らせていただきます。

2020 年 3 月

編者　武田　明典

目　　次

第1章　教育心理学とは　………………………………………………… 8

第1節　心理学における教育心理学の位置づけ　8

第2節　教育心理学の歴史と理論　10

第3節　米国と日本における心理学の動向　11

第4節　グローバルな教育改革期における教育心理学の課題　12

【コラム1】学習指導要領と心理学の役割　16

第2章　発達1〜乳・幼児期、児童期〜　……………………………… 18

第1節　遺伝と環境の相互作用　18

第2節　発達の原理　19

第3節　発達の諸理論　21

第4節　乳　児　期　22

第5節　幼　児　期　25

第6節　児　童　期　27

第3章　発達2〜青年期〜　……………………………………………… 32

第1節　認知の発達　32

第2節　自己の発達　32

第3節　性　の　発　達　34

第4節　社会性と仲間関係　35

第4章　パーソナリティ　………………………………………………… 41

第1節　パーソナリティの理解　41

第2節　パーソナリティを記述する方法　42

第3節　パーソナリティを調べる方法　45

第4節　パーソナリティ形成　47

第5節　パーソナリティと感情　48

第5章　適応・不適応　…………………………………………………… 52

第1節　適　応　と　は　52

第2節　ス　ト　レ　ス　52

第3節　適応に向けての反応　53

第4節　適応と不適応　58

第6章 認　　　知 ……………………………………………………… 64

第1節　認 知 過 程　64

第2節　知　　　識　64

第3節　問 題 解 決　66

第4節　推　　　論　67

第5節　意 思 決 定　68

第6節　批判的思考　69

第7章　学習理論と動機づけ ………………………………………… 73

第1節　学習の多様性　73

第2節　連 合 理 論　74

第3節　認 知 理 論　76

第4節　コミュニティへの参加　78

第5節　動機づけ　79

第8章 教　授　法 …………………………………………………… 84

第1節　学習を促す教授法の観点　84

第2節　発見学習を促す　84

第3節　受容学習を促す　86

第4節　協働学習を促す　87

第5節　個に応じた学習を促す　89

【コラム2】アクティブ・ラーニングと新学習指導要領　93

第9章 教 育 評 価 …………………………………………………… 96

第1節　教育評価の意義と目的　96

第2節　資料収集の方法　98

第3節　評価の機能　100

第4節　教育評価の制度　102

第10章　教育心理学の方法 …………………………………………… 105

第1節　教育心理学の研究の目的とアプローチ　105

第2節　調　　　査　105

第3節　実　　　験　107

第4節　教育実践研究　109

第 11 章　グループダイナミックス ··· 114

第 1 節　学 級 集 団　115

第 2 節　学級集団内の友人関係　117

第 3 節　教師の指導行動　119

【コラム 3】学級経営における Q-U の活用　122

第 12 章　特別支援教育に関わる障害の理解 ································· 124

第 1 節　特別支援学校に関連する障害　124

第 2 節　特別支援学級・通級指導教室に関連する障害　127

第 13 章　心 理 教 育 ·· 133

第 1 節　心理教育（サイコエデュケーション）とは　133

第 2 節　心理教育の基盤となる理論　134

第 3 節　心理教育の諸技法　136

第 4 節　学習指導要領と心理教育　140

第 14 章　生徒理解のための心理検査・アセスメント ····················· 144

第 1 節　アセスメント（心理査定）とは　144

第 2 節　アセスメントの方法　145

第 3 節　心 理 検 査　148

第 4 節　アセスメントを行うための倫理　150

第 15 章　学校における理論の応用 ··· 154

第 1 節　学力不振の児童生徒への対応　154

第 2 節　問題行動を起こす児童生徒への対応　155

第 3 節　発達障害のある児童生徒への対応　156

第 4 節　居心地の良いクラスづくり　158

終　章　日本における教育心理学の展望 ····································· 161

第 1 節　教育心理学は日々発展：「教育心理学する」探究マインド　161

第 2 節　教育の向上のために：実践の科学としての長期的視座　161

教師と学生が知っておくべき

教育心理学

hapter 1

教育心理学とは

1. 心理学における教育心理学の位置づけ

　心理学は人々の心のメカニズムを解明して科学的な手法に基づいた実証的研究を積み重ね、また、人々の悩みや問題解決のためのカウンセリング支援を行い、さらには、より積極的に企業の生産性向上や人々の自己実現に向けての QOL[(1)]（生活の質）の向上など、すべての人々が良き人生が送れるように寄与する学問である。

　ここで、心理学全体のなかにおける、教育心理学の位置づけについて述べる。教育心理学（Educational Psychology）は、"教育学的心理学"と直訳できる。"教育"という用語に着目すると、教育の対象は、乳幼児、子ども園児、小学児童、中・高校の生徒、専門学校・短期／4年制大学の学生や大学院生に加え、企業内教育の働く人があげられる。また、生涯教育の時代を迎え、良き市民として社会に参与するために、自己実現を目指してキャリア獲得のために大学・大学院などの専門機関で学び直しをするなどリカレント教育の学習者も含まれる。さらには、子育て支援教育などの家庭教育や高齢者施設内での教育活動など、あらゆる場面や発達段階において教育を受ける機会が想定される。すべての人々が対象となり、その期間は生涯にわたる。

　次に、"心理"に着目すると、図 1-1 に示すように、心理学は、現代社会においては社会的に広く認知された学問領域であるものの、後述、教育心理学の誕生でふれるように比較的新しい学問領域である。心理学は、多くの学問がそうであったように古くは哲学の影響を受け、その後、教育学や生理学、医学、保健学、社会学などの多くの学問領域から影響を受けてきた。近年、急速に発展した心理学が、逆に多くの学問領域に影響を及ぼしている。

　これらの背景をふまえ、"教育心理学"の用語に戻ると、教育心理学は心理学の傘下における、1つのセクションに位置づけられる。しかしながら、学校教育をはじめとしたあらゆる教育場面における心理学の理論・実践では、表 1-1 のように、ほとんどといってよいほど、心理学傘下のものに由来しており、また、逆に教育心理学から理論・実践の他領域への貢献も含むので、心理学における一大セクションであり、かつ、多領域に密接に影響を及ぼしているととらえることができる。

　これらの2つの用語をまとめ、教育心理学について定義を行う。市川（2003）は、「教育という事象を理論的・実証的に明らかにし、教育の改善に資するための学問 (p. 1)」とし、また、「教育心理学は、調査・実験・実践などを通して、みずからデータをとって、経験

哲学　教育学　社会学

情報科学　　　　　　言語学

人間工学　　　心理学　　　医学

体育学　　　　　　　保健学

障害学　保育学　老年学

図1-1　心理学と近接学問領域

表1-1　心理学全般における主な領域

教育心理学	実験心理学
認知心理学	学習心理学
発達心理学	青年心理学
老年心理学	神経心理学
感情心理学	知覚心理学
動物心理学	社会心理学
集団心理学	組織心理学
産業心理学	文化心理学
臨床心理学	精神分析
人格心理学	犯罪心理学
カウンセリング 心理学	
学校心理学	
人間性心理学	個人心理学
ポジティブ 心理学	
健康心理学	スポーツ心理学

的・実証的に現象を理解することを目指すという志向が強い（p.5）」と指摘する。

　高野（2003）は「第1は、一般心理学に見出された知識の教育現場への応用。；第2は、教育現象を心理学的に研究する独自の科学。；第3は、この2つの視点を合体させた心理学的教育の構築を目指す（p.4）」とする。なお、教育心理学と類似した用語で、語順が逆のサイコエデュケーション（心理教育）については、13章で紹介する。

　学校心理学について石隈（2016）は、「学校心理学とは、学校において一人ひとりの子どもが学習面、心理・社会面、進路面、健康面などにおける課題の取組の過程で出会う問題状況の解決を援助し、子どもの成長を促進する『心理教育的援助サービス』の理論と実践を支える学問体系である（p.2）」と定義づけている。そして、学校心理学の核心的概念である"心理教育的援助支援サービス"とは、学校における児童生徒の諸問題について、問題のアセスメントを丁寧に行い、それに基づく直接的支援のカウンセリングや間接的支援のコンサルテーションを通じ、教師、養護教諭、スクールカウンセラーなどから成るチーム学校（チームとしての学校）により、家庭や地域との連携を交え展開していくことを指す。

　教育心理学との相違について、石隈は、「教育心理学は心理学の一領域であるが、学校心理学は学校教育と心理学双方のさまざまな分野の統合である。教育心理学は学校教育だけでなく、社会教育[2]や家庭教育も含むが、学校心理学は学校教育に焦点を当てる（p.3）。」と指摘する。

　このように、心理学（大きな学問領域の総称である心理学全般を一般心理学（General Psychology）と呼ぶこともある）は、戦後、米国が世界を牽引し、日本にも影響を及ぼし現在に至っている。さらに、近年では、東洋哲学・思想の最たる禅の影響を受けた内観療法[3]（Naikan Therapy）など、日本が西欧諸国の心理学にも少なからず影響を及ぼしつつある。

1. 心理学における教育心理学の位置づけ

2. 教育心理学の歴史と理論

1. 教育心理学の誕生

　現在、教育心理学と呼ばれている分野の誕生の契機は、ドイツの哲学者ヘルバルト[4] (Herbart, J. F.) が、『一般教育学』(1806) で教育方法の理論を心理学に求めたことにある。その後、19世紀後半にドイツのヴント (Wundt, W.) は、科学の主要な原理である観察を人間の精神現象に適用し、近代的な心理学を打ち立てた。この手法を「内観法 (Selbstbeobachtung)」といい、意識を構成する要素に細分化して把握することに特徴があった (構成心理学・要素心理学)。これに対して、ヴェルトハイマー (Wertheimer, M.) やレヴィン (Levin, K.) らは、要素には還元できない事象を重視し、ゲシュタルト心理学[5]と呼ばれている。

　一方、隣国フランスにおいて、科学としての心理学のために観察と実験を重視したのが、ビネー (Binet, A.) である。彼は、知的障害の児童が適切な教育を受けられるように、その識別を意図した当時の政策上の要請から、知能検査を作成した。

　プラグマティズム哲学が興隆した19世紀初頭の米国では、ジェームズ (James, W.) やデューイ (Dewey, J.) らが、精神現象を分析的にとらえるよりも、その機能の面からアプローチする心理学 (機能主義) を提唱した。さらにワトソン (Watson, J. B.) は、観察できる心理機能として、人間および動物一般の刺激と反応の行動に注目することで、行動主義心理学と呼ばれる後の心理学の大きな流れを規定した。

2. 行動主義から認知主義へ

　ソーンダイク (Thorndike, E. L.) にとって、学習とは行動の変化であり、箱の中（刺激）にいるネコがペダルを押す（反応）ことで外に出るような、試行錯誤で変化する刺激と反応の結合として示された。スキナー (Skinner, B. F.) は、試行錯誤におけるフィードバックについて体系的に整理し、オペラント条件づけの理論を確立した。

　これら外部の刺激と生体の反応に注目する理論に対して、反応する生体の内部に注目したのが、認知主義の心理学である。スイスのピアジェ (Piaget, J.) は、幼児が身のまわりを概念的に理解しようとする外界との相互作用が、成長とともに構造的・質的に変化することを発見した (発達段階説)。また、同時代のロシアの心理学者ヴィゴツキー (Vygotsky, L. S.) とその学派は、高次の精神機能の発達が、言語という社会的・歴史的な道具によって媒介されていることを指摘した。

3. 1960年代から現代

　米国にヴィゴツキーの理論を紹介したことでも知られるブルーナー (Bruner, J. S.) は、学習における子どもの能動性とその社会的・文化的環境の重要性を重視し、らせん型カリ

キュラム[6]や発見学習、足場かけ（scaffolding）理論の提唱、幼児教育プログラム「ヘッドスタート[7]」への関与など、教育実践にも大きな影響を与えた。バンデューラ（Bandura, A.）は、子どもが周囲のおとなの行動の観察からも学習することを、実験を通して明らかにし、モデリング（観察学習）の理論として提起した。また、学習評価についての分類（タクソノミー）を提案したブルーム（Bloom, B.）は、適切な評価に基づく適切な指導があればすべての生徒に所期の学習目標を達成できるという、完全習得学習（mastery learning）[8]のアイデアを提案した。

　現代では、これらの研究をふまえて、学習の社会文化的制約や文脈を考慮する社会文化的アプローチや状況論による研究が進展するとともに、ブラウン（Brown, A.）らのように学習の協同性を重視する研究が多くなされるようになった。

　一方、行動主義心理学や精神分析などとは異なる第3の立場として、マズロー（Maslow, A. H.）らによる人間性心理学[9]という領域も発展をみせている。

3. 米国と日本における心理学の動向

1. 米国心理学会（A.P.A）の動向

　世界経済の牽引役となっている米国は、多民族国家による文化的ダイバーシティ（多様性）豊かな国家である。その反面、麻薬・ドラッグや十代の妊娠そのほか、多くの問題をはらんでいる国家でもある。このような問題に加え、こう着状態にあったベトナム戦争からの大量の帰還兵のなかには、PTSD[10]を抱えてうつ病やアルコール依存症[11]そのほかの精神的な問題を抱える者が少なからずおり、大きな社会問題となっていた。彼らの社会復帰の問題を支援するために、多くの心理療法家が必要となりそれを支援するための大学・大学院での教育が求められた。このように、これまで主流であった実証的な実験系心理学に加え、臨床系の心理学が栄える契機ともなった。

　米国心理学会（A.P.A.）の原理として、特に臨床心理学領域においては科学者―実践者（家）モデル（scientist-practitioner Model）が推奨されている。これは、学校、医療、保健、福祉、産業、地域支援などあらゆる生活場面において活躍する心理学者は、いわゆる"象牙の塔"に陥ることなく、彼らが支援している場面において科学者として視座をもちえていることが重要ものである。これは、一人二役であることが好ましいが、場合によっては、研究機関に所属する研究者である心理学者とさまざまな実践現場で活動する心理学者とが、共同でチームにより研究や臨床活動を行うことをも含んでいる。

　翻って日本では、昨今は改善されてきているが、実践に関心を持てない研究者や、理論を軽視する実践者も一部には残っているのではないだろうか。研究と実践の両立場を備えていなければ、現場からの課題意識とそれを改善するための研究、そして、それによる現

場へのフィードバックなどの一連の流れが閉ざされてしまいかねないのである。学校をフィールドとして教育の立場（教授者）にある教師は、研究と実践の2つの視座に立って教育実践を展開することが重要である。

2.　日本の教育における教育心理学の位置づけ

　日本では一部のインターナショナルスクールを除くほとんどすべての初等・中等教育の学校（一条校：学校教育法第1条に掲げられている学校を指し、各種学校と区別される）では、公立・私立を問わず文部科学省により10年ごとに見直される学習指導要領に基づいた教育を行う必要があるため、この内容をよく理解した上で教育実践を行う必要がある（コラム1参照）。
　ますます進展するグローバル社会を見据え、旧来の知識偏重の教育ではなく、後述のPISAが提唱するような真に深い学びが求められている。最新の学習指導要領では、全教科におけるアクティブ・ラーニングを展開することが明記されている（コラム2参照）。このアクティブ・ラーニングとも密接に関連し、これを展開する上で外国語教育の例をみてみると、国際バカロレア（教育）[12]が推進されている。教育心理学は、古くから積み重ねられた諸理論をベースに、教授者である教師がこれら世界や日本の動向に敏感になり情報を収集し、また、生涯学習の視座に立ちみずから研鑽していくことが求められる。
　さらに複雑な現代社会の児童生徒たちが直面するネット・ゲーム依存[13]をはじめ、多様化する問題への解決・改善に向け、教育心理学の見識から貢献できるものが多くある（第15章参照）。教師は、授業展開やクラス運営など教育心理学の見識がどのように活用させることができるか、という視点で日頃の教育活動を振り返りつつ、理論と実践の統合という視座をももち得ていたい。

4.　グローバルな教育改革期における教育心理学の課題

1.　PISA[14](Programme for International Student Assesment) とその影響

　21世紀に入り、世界的に教育改革が急速に進展している。学校は、協同と創造を軸に、多様性を認めあいながら、個々の幸せと健全な社会の形成の同時追求を学ぶ場へと変わろうとしており、学力のイメージも従来のものから大きく変化しつつある。
　その変化の大きな要因に、国際的な学力調査であるOECD（経済協力開発機構）のPISAがある。日本では、2003年および2006年調査で「読解力」が低下したことが問題となり、「PISAショック」【QR1-1】と呼ばれた。また、PISAのテスト問題は、従来の学力観と大きく異なっていた。たとえば、PISAにおける「読解力」とは、「情報の取り出し」と「テキストの解釈」を行い、「熟考・評価」して自分の意見を形作るまでの、総合的な力のことであった（経済協力開発機構, 2010）。

【QR1-1】

暗記した知識を再生するのではなく、正解がひとつでもない、それがこれからの学力であると知らされた時、日本の教育界は根本的な変革を求められることになった。「全国学力学習状況調査[15]」の開始も、その変化の一端である。それに伴い、リテラシーやコンピテンシーという新しい学力概念が、教育の政策および実践現場に登場するようになった。

2. リテラシーやコンピテンシーという視点

　リテラシー（literacy）は「読み書きできること」に原義をもつ単語で、現在では、ある分野についての知識を表象するとともに、それを活用する力も含意している（深谷, 2006）。読解、数学、科学の3分野のリテラシーを測定するPISAでは、その基盤であるコンピテンシー（competency）を、「知識や諸技能（knowledge and skills）以上のもの」であり、「特定の文脈において、（諸技能や態度を含む）心理社会的な資源を引き出すとともに動員することによって、複雑な諸需要に対処することのできる能力を含んでいる」と定義していた（ドミニク＆サルガニク, 2006）。その後、OECDのEducation 2030プロジェクト（OECD, 2018）でこの定義が拡張的に継承された。

　学習指導要領において、2008年告示の「生きる力」の提言から2017年告示の「主体的・対話的で深い学び」へと、活用する学力であるコンピテンシーの重要性は一層高まってきた。どのような学力を育てるのか、学校単位のカリキュラム・マネジメント[16]が促される。

3. 教育改革期の教育心理学

　ここまでみたように、現在の教育改革は、学校の授業や教育の姿を大きく変えようとしている。教科書の内容を教師が黒板に書き、話すだけの授業ではなく、児童生徒学生が学びの主人公になり、コンピテンシーを獲得していくアクティブ・ラーニングの時代である。そこでは、コンピテンシーがどのように学ばれ、どのように発揮されるのか、またある場面で発揮されたコンピテンシーは他の場面でも発揮されるのか等々、心理学が解明すると期待される課題は多い。一方、学校の現場からみれば、コンピテンシーはどのように定義され、どのように教育可能であり、その学習成果をどのように測定・評価するのかという、心理学の問いも出てくる。これからの学校教育のデザインに際して、教育心理学と教育実践の協同は不可欠であり、教育改革を支える力にもなるだろう。

（武田明典・村瀬公胤）

【引 用 文 献】
赤塚祐哉（2018）．国際バカロレアの英語授業：世界標準の英語教育とその実践　松柏社
深谷優子（2006）．リテラシー概念の変化　森　敏昭・秋田喜代美（編）教育心理学キーワード　有斐閣
市川伸一（2003）．第1章　教育心理学は何をするのか　日本教育心理学会編　教育心理学ハンドブック　有斐閣

石隈利紀ほか（編）（2016）. 学校心理学ハンドブック 第2版　教育出版

経済協力開発機構（編）（2010）. PISA の問題できるかな？：OECD 生徒の学力到達度調査　明石書店

OECD（2018）. The Future of Education and Skills: Education 2030.（http://www.oecd.org/ education/2030-project/contact/ から英語原本および日本語仮訳が入手可能）

高野清純（2003）. コラム2 私が考える"教育心理学"とは　日本教育心理学会（編）教育心理学ハンドブック　有斐閣

ライチェン，ドミニク・S. & サルガニク，ローラ・H.（2006）. キー・コンピテンシー：国際標準の学力をめざして　明石書店

(用語解説)

(1) **QOL**（生活の質；Quality of Life）：QOL は、従来の経済的指標とは異なり、真の意味での人々の幸福感（well-being）を表す概念として近年着目されている。具体的に、健康・疾病・障害の予防・改善、生きがいの創出、自己実現に向けての努力である。自分自身の QOL を見据え、向上するためにセルフモニタリング（自己統制）し、適時、情報収集や専門家支援を受けることが重要となる。

(2) **社会教育**：学校や家庭の外で行われる教育一般を指す。教育基本法第2条は、国民が「あらゆる機会に、あらゆる場所で」学習する生涯学習社会を宣言しており、同第12条は、国及び地方公共団体が「図書館、博物館、公民館その他の社会教育施設」を設置することで、その環境・機会を整えるよう求めている。

(3) **内観療法**（内観法；Naikan Therapy）：浄土真宗僧侶の吉本伊信（いしん）により開発された。家族や友人などに対して、個人が3つのテーマ1）してもらったこと；2）して返したこと；3）迷惑をかけたこと、について深く内省することにより、いろいろな人とのかかわりについて、多くの気づきが得られる。

(4) **ヘルバルト，J. F.**：ドイツの哲学者。著書『一般教育学』のなかで、教育の目的を倫理学に、教育の方法を心理学に求めることで、現代の教育学および心理学の基礎を拓いた。彼が提唱した教授法「明瞭―連合―系統―方法」は、後に、弟子のラインの五段階教授法「予備―提示―比較―概括―応用」を通して日本に伝わり、普及した。

(5) **ゲシュタルト心理学**：人間の心理を、全体性と構造において把握しようとする心理学の一派。ドイツ語でまとまりのある「形／形態」を意味するゲシュタルトの名がつけられた。たとえば、複数の音符の集まりがメロディとして知覚される例があげられ、レヴィン，K. は「部分の総和は全体とは異なる」として全体論（Holism）を確立した。

(6) **らせん型カリキュラム spiral curriculum**：ブルーナーが、どのような内容でもすべての子に適切に学習させることができるとした時に提唱した、カリキュラムの考え方。子どもの発達や学習の進展に合わせて、徐々に複雑なことを行ったり高度な方法を用いたりしながら、各教科の重要な概念についてくり返し学習していく。それを通して、子どもは、高度な概念をみずから構成していくことができる。

(7) **ヘッドスタート**（Head Start）：1960年代に米国政府が始めた、貧困層の幼児とその家庭を対象とする就学前教育・福祉プログラム。全米という範囲の大きさ、多くの研究者の関与、そして現在も数十兆円の予算規模をもつ点が特筆される。日本でも親しまれたテレビ番組「セサミ・ストリート」は、ヘッドスタートの一環であった。

(8) **完全習得学習**（mastery learning）：キャロルの着想をブルームが展開した学習理論で、適切な方法があれば、大多数が教育目標を達成できると考えた。具体的には、教育目標の細分化から始まり、学習

者の現況を知る診断的評価に基づいて教育方法が選択され、随時、形成的評価によって教育方法はくり返し選び直されて、目標とする習得が達成される。

(9) **人間性心理学（Humanistic Psychology）**：科学的手法ではなかなかとらえにくい、個々人の経験に基づく人生哲学や価値観を重視し、人生を意味づけて生きていく姿勢を重視する。マズローのほかに、フロム（From, E.）、ゴールドシュタイン（Goldstein, W.）、オールポート（Allport, G.W.）、ロジャーズ（Rogers, C.R.）などがこの流派である。

(10) **PTSD（心的外傷後ストレス障害）**：災害、事故、戦争、犯罪、虐待などの場面に遭遇した際に、一定期間を経ても当時の心的外傷（トラウマ）体験がフラッシュバック（回想）されてしまい、不安、うつ状態、パニック発作などに陥り、正常な日常生活を送ることが困難な状態にある精神的障害を指す（5章参照）。

(11) **アルコール依存症（アルコール使用障害）**：日常的に一定量以上の飲酒を行い、仕事や家族・友人関係に支障をきたすほどまで飲酒のコントロールができない、飲まないとさまざまな自律神経系の離脱症状が現れる、断酒ができないなどの症状を満たすと医師が診断した場合。有効な治療法は、認知行動療法、そして、グループ療法のうちのひとつの同じ症状の患者会による自助（セルフヘルプ）グループへの参加があげられる。

(12) **国際バカロレア（IB）**：IBでは、国際バカロレア機構により認証された、5つのスキル（思考：コミュニケーション：社会性：自己管理：研究）を中核としたIBプログラムに基づいた教育を展開する。日本では、日本語や外国語（主に英語）を用いた授業実践（英語科・社会科など）を行う認定校がある。

(13) **ネット・ゲーム依存**：これまでは精神医学上の正式な診断名ではなかったが、次期WHO改訂版国際疾病分類（ICD-11：2020年発効予定）では、過度なゲーム依存については"ゲーム障害（gaming disorder）"、また、ネット依存は、"その他の嗜癖行動による障害"として精神疾患に分類される方針が2019年5月に決定された。。

(14) **PISA**：PISA（Programme for International Student Assessment）は、OECD（経済協力開発機構）による国際的な学力調査で、2000年から3年ごとに「科学的リテラシー」「読解力」「数学的リテラシー」の3分野などを対象に実施している。2018年調査では、OECD加盟国と非加盟国合わせて80ヵ国・地域が参加した。

(15) **全国学力学習状況調査**：2007年から小学6年生と中学3年生に実施され、国語と算数・数学は毎年、理科や英語も年度によって調査対象になる。知識・技能を活用する力を評価する問題があること、悉皆実施により結果分析が指導に活かされること、また、生活習慣や学習環境の質問紙調査も実施されることが特徴である。

(16) **カリキュラム・マネジメント**：従来型の狭義のカリキュラム・マネジメントは、学習内容の配列までを指す。しかし、平成29年告示の学習指導要領は、学ばれるべき資質・能力に注目してこれを編成するよう求めた。地域教育資源も活用しながら、教科横断的な視点をもつ、学校レベルのカリキュラム・マネジメントが要請されている。

∴∵∴∵∴∵∴∵∴∵ 【コラム 1】学習指導要領と心理学の役割 ∵∴∵∴∵∴∵∴∵

1. 学習指導要領とは

学習指導要領とは、学校教育の理念や目標の実現に向けて必要となる教育課程の基準を大綱的に定めたものである。学習指導要領は、小学校、中学校、高等学校等の学校種ごとに定められており、教科書や時間割は、これをもとに作られる。また、幼稚園については幼稚園教育要領が定められている。学習指導要領は、国立、公立、私立学校を問わず、すべての学校に適用される。

2. 学習指導要領の改訂

学習指導要領は、当初 1947 年に「試案」という形で示され、1958 年に、学校教育法施行規則に基づく文部省告示という形で制定された。これ以降、ほぼ 10 年ごとに改訂されている（図1）。

これまでの改訂を概観すると、1947 年の「試案」は、児童生徒の経験を重視する「生活経験主義」の教育課程といわれたが、1958 年改訂では、基礎学力が重視され、修得すべき知識・技能の系統性を重視する「系統主義」の教育課程が採用された。さらに、1968 年の改訂では、「教育の現代化」と高度化が重視された。これに対し、1977 年の改訂では、「ゆとりと充実」が謳われ、基準の大綱化、授業時間数の大幅な削減が行われた。

1989 年の改訂では、知識・技能だけでなく、児童生徒の意欲・関心・態度や、思考力・判断力・表現力、そして自己教育力を重視する「新しい学力観」が採用された。また、1998 年の改訂では、「生きる力」の育成が謳われ、教科横断型の課題解決学習を目指す「総合的な学習の時間」が導入された。さらに、2008 年の改訂では、OECD のキー・コンピテンシーの考え方に基づく汎用的能力、いわゆる PISA 型能力が重視された。2017 年改訂では、この考え方を継承しつつ、各学校におけるカリキュラム・マネジメントと「主体的・対話的で深い学び（アクティブ・ラーニング）」が強調されている（水原、2017）。

3. 学習指導要領と教育心理学

学習指導要領の内容は、学校種によって若干の違いはあるが、基本的に①総則、②各教科、③道徳（小学校・中学校のみ）、④外国語活動（小学校のみ）、⑤総合的な学習の時間（小学校・中学校）・総合的な探究の時間（高等学校）、⑥特別活動という構成で、それぞれ発達段階に応じて教育課程の基準を定めている。このように、学習指導要領は、子どもの発達に関する基礎的な理解を前提として成り立っている。

さらに、これまでの改訂の経緯をみれば明らかなように、学習指導要領の策定にあたっては、それぞれの時代背景のもとに、学習や認知、学習評価などに関する心理学の知見が決定的に重要な貢献をしている。このような知見は、学習指導要領改訂のプロセスのなかで、さまざまな形で取り入れられている。

しかしもっとも大切なことは、実際の教育課程の実施にあたっては、学習指導要領に依拠しつつも、それぞれの学校、それぞれの教員が、それぞれの児童生徒の実態に即して、もっともふさわしい時期、内容、方法等を選択していかなければならない、ということである。学習指導要領の随所に「児童の心身の発達の段階や特性及び学校や地域の実態を十分考慮して」といった表現が盛り込まれているのは、そのためである。かつて、日本の学

校教育の画一性が批判されたが、どのように立派な学習指導要領を作っても、その運用が画一的になれば、その目指すものを実現することはできない。

学習指導要領の役割の一つは、公の性質を有する学校における教育水準を全国的に確保することである。しかし、他方で、それぞれの学校にはそれぞれの特色があり、それぞれの子どもにはそれぞれの個性がある。それぞれの家庭や地域社会のさまざまな環境のなかで、子どもたちが目に見えない生きづらさを抱えることもある。各学校がその特色を活かして創意工夫を重ね、長年にわたり積み重ねられてきた教育実践や学術研究の蓄積を活かしながら、児童生徒や地域の現状や課題をとらえ、家庭や地域社会と協力して、学習指導要領をふまえつつ教育活動の充実を図っていくこと、いわば学習指導要領を「使いこなす」ことが重要なのである（合田、2019）。

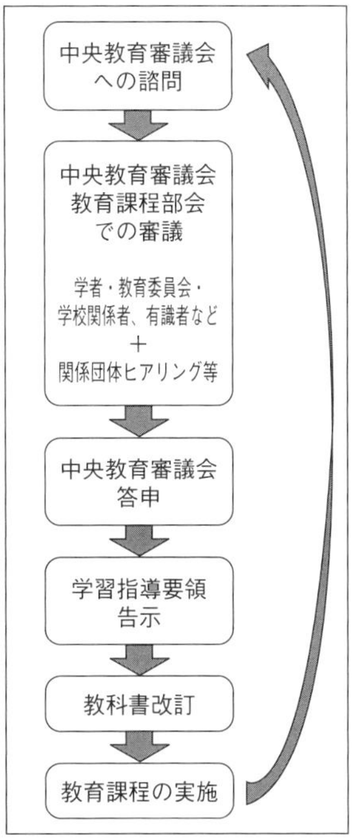

一例をあげよう。今回の学習指導要領では、「新しい時代に必要となる資質・能力」として①生きて働く「知識・技能」の習得、②思考力・判断力・表現力等、③学びに向

図1　学習指導要領改訂のプロセス

かう力・人間性等をあげ、これらの育成のために「主体的・対話的で深い学び（アクティブ・ラーニング）の視点からの学習過程の改善」を掲げている。しかし、アクティブ・ラーニングの具体的な手法にはさまざまなものがある。教員は、授業の目標や内容、学級集団の状況等に応じて、もっともふさわしい手法を選択し、効果的に導入することが求められる。その際、必要に応じ、ロールプレイ（学習の内容に応じた場面設定のなかで参加者が役割をもって演技する手法）、ソーシャルスキル・トレーニング（相手に適切に対応するための言葉や行動などを修得するトレーニング）、グループ・エンカウンター（グループのメンバーが互いに本音を出しあうことにより相互理解や自己受容を促す手法）といった、カウンセリングの考え方を応用した参加型学習法を、単なる表面的なテクニックではなくしっかりとした心理学的な基礎知識をふまえて活用できれば、子どもたちの目の輝きはまったく違ったものになってくるであろう。

学習指導要領は、あくまで教育課程を実施する上での基準であり、その狙いとするところは、それぞれの現場での適切な取り組みがあってはじめて実現するものである。そのためには、教育課程の実施にあたる教員には、教育心理学の深い理解をふまえた創造的な展開力が不可欠である。教員を目指す学生は、教育心理学をしっかりと学び、自信をもって教壇に立つことが期待される。

（合田　隆史）

【引 用 文 献】

合田哲雄（2019）．学習指導要領の読み方・活かし方——学習指導要領を「使いこなす」ための8章—— 教育開発研究所

水原克敏（編）（2017）．新小学校学習指導要領改訂のポイント　日本標準

発　達　1
～乳・幼児期、児童期～

1. 遺伝と環境の相互作用

1. 生得説と経験説

　今日、発達を規定する要因は遺伝と環境の過程がほとんど相乗的に作用しあっていると考えられているが、20世紀初頭までは、遺伝と環境をめぐり議論がなされてきた。生得説（遺伝説）とは、人の能力や特徴は生まれながらのものであり、遺伝をはじめとする生得的要因が発達に影響を与えるという考え方である。ゴルトン（Galton, F.）は、家系研究法により、多くの音楽家を輩出したヨハン・セバスチャン・バッハ一族の研究を行った。ところが近親者の類似は、同一の生活環境も影響しており、遺伝的要因と環境的要因を明確に分離することは難しいものだった。家系研究の欠点を補うのが双生児法[1]である。アメリカの心理学者ゲゼル（Gesel, A.）らは、遺伝的に同一情報をもつ生後46週の一卵性双生児（T児とC児）に階段昇りの実験を行った（図2-1）。T児の受けた訓練は効果があったとはいえ、後で訓練を始めたC児にすぐに追いつかれてしまった。そこで発達が自律的な成熟過程により左右されるとし、学習を成立させるには心身の成熟が準備された状態（レディネス[2]）が重要であると成熟優位説を主張した。

　一方、経験説（環境説、学習説）とは、人間の発達が後天的な経験（学習）、つまり環境的要因によって決まるという考え方である。古くはイギリス哲学者のロック（Locke, J.）による白紙説や、行動主義心理学のワトソン（Watson, J. B.）は、「私に健康な1ダースの赤ん坊と、彼らを育てるための環境を与えてくれるならば、才能・特性・能力・人種に関係なく、私が思うままの専門家（医師・法律家・芸術家・乞食あるいは盗人）に訓練することができる」と述べ、人間の発達は経験による条件づけであるとした。

　発達は、単一要因が影響するものではなく、遺伝と環境の要因が加算的に作用しているという輻輳説の考えを提唱したのは、シュテルン（Stern, W.）である。それぞれの要因がどれくらい影響しているのかという割合は

（週）	46	52	53	56	79
T児	訓練→→→→→ 26秒	…… 17秒	……… 11	………………	7
C児			訓練45秒→→ 14	………………	8

図 2-1　階段昇りの実験

形質や特性によって異なっている。ルクセンブルガー（Luxenburger, H.）が表した図式はそれを示している。しかし、遺伝要因と環境要因を単に加算的にとらえているところに限界があるといわれた。両者は切り離して考えられるものではなく、相乗的に影響しあうものだからである。

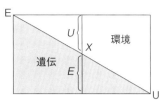

図2-2　ルクセンブルガーの図式
（高木，1930）

　ジェンセン（Jensen, A. R. 1923）は、遺伝的特性が各特性で顕在化するには、必要な環境条件が満たされていることが重要であり、各特性はそれぞれ固有の閾値[3]（一定水準）をもっているという環境閾値説を提唱した。たとえば、身長・発語などの特性は、よほど劣悪な環境でないかぎりは発現する（特性A）が、絶対音感・外国語の音韻など（特性D）は特殊な訓練や好適な環境のもとでないと顕在化しないことを表している。この場合、身長などは「閾値が低い」絶対音感などは「閾値が高い」と考えられる。近年は、遺伝と環境のかかわりをダイナミックにとらえ、相互に促進したり、抑制しあったりする場合があると考えられている。

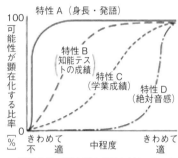

図2-3　遺伝的可能性が顕在化する程度と環境の質との関係（東，1969）

　トマスとチェス（Thomas, A. & Chess, S. 1970）は乳児期の9つの気質特徴[4]から、「扱いやすい子（約40%）」「扱いにくい子（約10%）」「出だしの遅い子（約15%）」の3つのタイプを見出した（残りの約35%は平均的か分類できないタイプ）。そして、生まれながらの子どもの気質と養育者のはたらきかけが調和のとれた相互作用となる重要性を説いた。

　人間の発達を考える上で重要なのは、遺伝による規定を考慮に入れながら豊かな環境を提供することによって教育の可能性を図っていくことである。

2. 発達の原理

　人に共通する普遍的な発達の原理をとらえることは、子どもの発達に即した支援をする上で大切なことである。その主なものとして、ウェルナー（Werner, H.）らが述べた、連続性、順序性、方向性、異速性、分化と統合、相互関連性、個人差などがあげられる。

　①連続性：発達は、成熟期に向かい段階を追って少しずつ進んでいるため、表面的には発達が止まっているように見えても、また、突然その発達が現れたとしても、身体や精神はいつでも変化し続けている。

　②順序性：乳児期の発達は発達段階を一定の決まった順番通りに経過する。順序が乱れたり飛躍したりする場合には、発達上のなんらかの問題があると考えられる（表2-1）。

表 2-1　運動発達の順序 (Shirley,1961 をもとに作成)

定頸（3ヵ月）【QR2-1】	支えられ座る（4ヵ月）【QR2-2】	寝返り（5ヵ月）【QR2-3】	ひとりで座る（7ヵ月）【QR2-4】	支えられて立つ（8ヵ月）【QR2-5】	家具につかまって立ってられる（9ヵ月）【QR2-6】
▦	▦	▦	▦	▦	▦
はいはい（9ヵ月）【QR2-7】	手を引かれて歩く（11ヵ月）【QR2-8】	つかまって立ち上がる（12ヵ月）【QR2-9】	ひとりで立つ（14ヵ月）【QR2-10】	ひとりで歩く（15ヵ月）【QR2-11】	
▦	▦	▦	▦	▦	

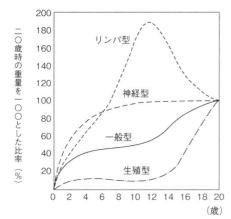

図 2-4　スキャモンの発達曲線 [6]
(Scammon, 1930 より作成)

③方向性：頭部―尾部勾配 [5] は、身体発達が頭部から尾部（脚部）に向かって進行する。中心部―周辺部勾配 [5] は、体幹から末梢の方向へと進行する。

④異速性：発達は身体の部位によって速さが異なる。スキャモンは、身体各部の発達の異速性を述べ発達曲線にした。

⑤分化・統合：ウェルナーは、未分化な状態から分化、統合された状態に進むとした。たとえば、乳児が物をつかむ時、未分化な5本の指で握るように持つが、徐々に必要な指だけでつまむようになる

表 2-2　物のつかみ方の発達 (三木, 1956 より作成)

2ヵ月反射反応【QR2-12】	4ヵ月小指と掌の間に入れてつかむ【QR2-13】	6ヵ月親指以外の4本の指と掌の間に入れてつかむ【QR2-14】	8ヵ月親指をひとさし指のほうに動かせる（内転）ようになり、有効に働き始める【QR2-15】	10ヵ月指が一つひとつ独立してきて、親指とひとさし指でものをつまめるようになる【QR2-16】	12ヵ月親指とひとさし指でつまんだ時、他の指が広がらなくなる【QR2-17】
▦	▦	▦	▦	▦	▦

など、相互に整合性がとれた統合を成し遂げていく。

⑥相互関連性：心身の各機能は、それぞれが互いに独立して発達していくのではなく、相互に関連しあって発達していく。たとえば、幼児期の運動能力の発達は、社会性の能力や知的能力の発達に大きな影響を及ぼす傾向がある。

⑦個人差：発達は一定の規則・型に従って、一生を通して連続的に進行する変化の過程で、その進む速さは一定ではなく個人差が生じる。発達のスピードの差が生まれる原因としては、遺伝的な個人差や、性差、発達過程の環境などが考えられる。

3. 発達の諸理論

1. さまざまな発達段階説

発達の過程をいくつかの段階に区切ってとらえたものを発達段階という。ところが何をどのような基準で区切るかによって、さまざまな発達段階説が考えられる。高野・林（1975）によれば、「社会的慣習」「身体発達」「精神構造の変化」「特定の精神機能」により分類されている（表2-3）。フロイト（Freud, S.）は、性的欲求を中心とする精神的エネルギー、いわゆるリビドー[7]の発現と関連して精神の発達過程を考察した。口唇期、肛門期、男根（エディプス）期、潜伏期、性器期の5つの段階の部位は、各時期に外界と交渉する際にもっとも活発な部位を示した。エリクソン（Erikson, E. H.）は、フロイトの精神分析の考えを継承しながら、社会的観点から成人期以降の発達についても段階を設け、ライフサイクルの8段階を示した（p.33参照）。ピアジェ（Piaget, J.）は、乳児期からの知的機能の発達を考え、表象が可能になる時期やどのような操作が可能になるかなど構造のま

表2-3　さまざまな発達段階の区分 （高野・林,1975）

区分の観点	研究者＼年齢（歳）	0〜20の区分
社会的慣習	Meumann, E.(1913)	児童期／少年期・少女期／青年期・処女期
	Spranger, E.(1924)	児童期／中間期／少年少女期／中間期／成熟期（男・女）
	Goodenough, F. L.(1945)	言語前期／幼児期／幼稚園期／児童期（男・女）／青年期
	Hurlock, E. B.(1924)	新生児期／児童前期／児童後期（男・女）／思春期／青年期
	青木誠四郎	新生児・乳児期／幼児期／児童期（男・女）／青年期
	文部省教育心理(1945)	乳児期／幼児期／児童期／青年期／＊＊充実期（女）＊充実期（男）
身体発達	Stratz, C. H.(1922)	乳児期／第一充実期／第一伸長期／第二充実期（男）／第二伸長期（男）／第三〜（女）／第三〜＊＊／成熟期
	Cole L.(1922)	乳児期／児童前期／児童中期（男・女）／児童後期（女）／青年前期（男）／青年前期（女）／青年中期（男）／青年期
	Stern.E.(1923)	乳児期／未分化融合期／分化統一期／成熟前期／分化統一期
	Kroh. O.(1928)	幼児期／第一反抗期／児童期／第二反抗期／成熟期
精神構造の変化	Bühler. Ch.(1937)	第一期客観化の時期／第二期主観化の時期／第三期客観化の時期／第四期主観化の時期／第五期客観化の時期
	牛島義友(1941)	身辺活動時代／想像生活時代／知識生活時代／精神生活時代
	武政太郎(1955)	乳児期／幼児期／児童期／青年期
	松本亦太郎(用箸運動)	幼児期／児童期／青年期
	楢崎浅太郎(握力)	幼児期／児童期／少年期／青年前期／青年後期
特定の精神機能	阪本一郎(読書興味)	昔話期／寓話期／童話期／物語期／文学期／思想期
	Piaget, J.〔注〕(物活論的世界観)(思考)	第一期1)／第二期2)／第三期3)／第四期4)
		感覚運動／前概念期／直感的思考／具体的操作期／形式操作期
	Sears. R.R.(動機づけ)	基礎的行動の段階／二次的動機づけの段階／家族中心の学習／家族外の学習
	Erikson. E. H.(社会化)	基本的信頼感の段階／自律感の段階／主導感の段階／勤勉感の段階／同一性の段階／親密感の段階
	Maier, N. R. F.(対人関係)	一次的依存の確立／自己看護の確立／意味ある二次的関係の確立／二次的依存の確立／依存と独立のバランスの達成
	Nowogrodzki, T.(噂物論)	幼児期／就学前期／学童期／成熟期／青年

（注）　1）万物に意識ありとする時期　　2）動く物すべてに意識ありとする時期
　　　　3）自力で動くものには意識ありとする時期　　4）動物だけに意識ありとする時期

とまりを「感覚運動期」、「前操作期」、「具体的操作期」、「形式的操作期」という４つの段階から構成される発達段階を提唱した。

2. 発達課題

ハヴィガースト（Havighurst, R. J.）は、人の発達を乳幼児期、児童期、青年期、壮年期、老年期の５段階に分け、その段階に応じた発達課題を達成することで健全な発達を図るとした（表2-4）。これは、「生物学的な基礎」「心理学的な基礎」「文化的な基礎」の３つの観点から述べられており、効果的な教育の目標であると評された。

表 2-4　ハヴィガーストの発達課題　（Havighurst, R. J. 1953 より抜粋）

発 達 課 題	
乳・幼児期 1　歩行の学習 2　固形食をとる学習 3　話すことの学習 4　排泄の学習 5　性差と性的つつしみの学習 6　生理的安定の達成 7　社会的・物理的現実についての単純な概念の形成 8　両親、きょうだいとの人間関係の学習 9　善悪の区別、良心の学習	児　童　期 1　日常の遊びに必要な身体的技能の学習 2　生活体としての自己に対する健康な態度の形成 3　遊び仲間とうまくつきあうことの学習 4　男子あるいは女子としての適切な社会的役割の学習 5　読み・書き・計算の基礎的能力の発達 6　日常生活に必要な概念の発達 7　良心・道徳性・価値観の発達 8　個人的独立の達成 9　社会集団や制度に対する態度の発達

4. 乳 児 期

1. 胎児期の発達

人間は 280 日の妊娠期間[8]を経て生まれてくる。受精卵は卵割が始まると２細胞期、４細胞期というように細胞分裂が続き、３〜４日で桑実胚になると胚が作られ始め、胞胚、原腸胚、神経胚へと発生が進んでいく。受精卵が子宮壁に着床するまでの２週間を卵体期といい、受精３週目から８週目までを胚子期（胎芽期）という。胚子期は、人体の主要器官が作られる過敏な成長期であるため、母親の生活がもっとも影響を与える時期である。受精９週から誕生までの期間は胎児期といわれる。胎児期に入ると体重や頭臀長が急激に増加しヒトらしい形態となっていく。妊娠５〜７ヵ月になると超音波写真で顔立ちや手足を動かす様子が確認できるようになる。聴覚も発達し、外界の音に反応を示す。妊娠８〜10 ヵ月では視覚も感じられるようになり、胎動はさらに活発になる。

2. 新生児期の発達

誕生から28日未満の乳児は新生児と呼ばれる。正常児は体長約50cm、体重約3ヵ月3,000gで生まれてくる。ポルトマンはヒトをほかの動物と比較すると立ち上がることも移動することもできないことから、ヒトが生まれてから1年を子宮外胎児期あるいは生理的早産[9]と称した。ところが新生児は原始反射[10]と呼ばれる特有の反射運動で外界の刺激に反応したり、生理的微笑、母親の独特の呼びかけ（マザリーズ）に呼応するような行動（エントレインメント：母子共感）を示したりするなど、母子間の同調的相互作用をとり、保護

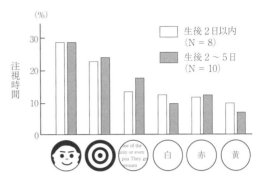

図2-5　6種類の刺激図形に対する注視時間(Fantz, 1961)

を得るためのメカニズムを生得的にもっている。新生児の生存に欠かせない適応的な機能である。新生児期には、顔の筋肉運動によって微笑むことがある。これを生理的微笑【QR2-22】といい生まれつき備わっているといわれている。しかし、2〜3ヵ月になると周囲のはたらきかけに対し、笑みを浮かべるようになる。これを社会的微笑【QR2-23】といい、赤ちゃんに社会性が芽生えてきていることがわかる。

表2-5　原始反射

1　吸啜反射 【QR2-18】	2　把握反射 【QR2-19】	3　モロー反射 【QR2-20】	4　緊張性頸反射 【QR2-21】

新生児には、ある程度の視力があることがわかっている。ファンツ（Fantz,1962）は、6種類の図形を乳児に見せて注視時間を調べた。乳児は複雑な図形を好み、人の顔のような模様を長く見つめることがわかった。また、サラパテック（Salapatek, P.）(1975)によれば1ヵ月児は頭や顎などの輪郭を注視し、2ヵ月児は目や口を注視するとした。

生理的微笑（生後6日）
【QR2-22】

社会的微笑（生後3ヶ月）
【QR2-23】

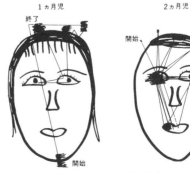

図2-6　1ヵ月児、2ヵ月児の視覚走査の軌跡(サラパテック, 1975)

3.　乳児期の愛着行動と思考の発達

　乳児とは、生後から1歳未満の子どもをいう。エリクソンはこの時期に「基本的信頼感」を獲得するとした。乳児が最初に経験する母親との関係が愛情に満ちたものであれば、自分という存在をはじめ、それを取り巻く世界を信頼できるようになる。また母親に大切にされる経験から、自分が信頼に値する存在であることを知る。しかし反対に欲求が無視され不快な時間を多く経験すると自分自身に価値がないと感じるばかりか、自分を取り巻く人たちに強い不信感をもつようになる。基本的信頼感の獲得は、その後のパーソナリティの形成に大きな影響を与える。

　ローレンツ（Lorenz. K. ）は、離巣性の鳥類が孵化した直後にはじめて会った対象に接近したり、追従したりするインプリンティング（刻印づけ）の実験を通し、初期学習や初期経験の重要性を提唱した。この現象は、親子の相互認知や愛着の形成に深く関係しているといわれている。

　人や動物が特定の対象に対し示す強い情緒的な結びつきを愛着（アタッチメント）という。ハーロウ（Harlow. H. 1961）は、赤毛ザルを用いた実験から、あたたかくやわらかい身体的接触が愛着の形成に重要な意味をもつことを述べた。彼は、出生直後の赤毛ザルを母親から離し、飼育ケージの中の2種類の代理母親（図2-7）を置いて育てた。針金の母親の胸部

図2-7　2種類の代理母親（Harlow, 1959）

には乳首がついていて、子ザルが吸うと一定量のミルクが出るようになっている。もう一方の布製の母親は木製の土台にスポンジと肌触りのよい布がかぶせてある。子ザルは、針金製母から授乳されても、1日のうちの多くを布製母のもとで過ごした。ここから生理的欲求を満たしてくれる対象より、あたたかい身体的接触の快感が安心感を生み、愛着形成に重要な役割を果たすことが示された。

　ボウルビィ（Bowlby. J. ）は、子どもと養育者とのあいだに愛着が形成されると、発信行動（泣く、微笑む、発声など）、接近行動（吸う、しがみつく、後追いなど）、定位行動（養育者を目で追う、声の聞こえる方を向く、養育者がどこにいるかを確認するなど）を示すようになり、その形成過程を4段階に表した。①人物弁別を伴わない定位と発信の段階（誕生〜12週頃）、②1人（または数人）の弁別された人物に対する定位と発信の段階（12週〜5ヵ月頃）、③発信と移動による特定の人への接近の維持の段階（6,7ヵ月〜2歳頃）、④目標修正的協調性の形成（3歳頃〜）である。③の過程で現れる人見知り[11]（8ヵ月不安）は、発達の指標ともなっている。

また、愛着形成や心身の健全な発達に必要な発達初期に養育者との心理的・情緒的相互作用が著しく阻害された場合（マターナル・デプリベーション／母性剥奪）、心身の発達に影響を示すことを述べた。

愛着には個人差があり、エインズワース（Ainsworth, M. D. S., 1978）は、愛着行動をとらえる指標として、ストレンジ・シチュエーション法[12]を考案し、発達類型をとらえた。

生後3ヵ月頃になると自分の手をじっと見つめる「ハンドリガード」を始める乳児が見られる。ピアジェは、誕生から2歳頃までを「感覚運動的段階（感覚運動期）」とし、乳児が「見る【QR2-24】」「なめる【QR2-25】」「体を動かす」など感覚や運動を通し、外界を理解し、シェマ[13]を獲得する。また、この段階は、物の永続性[14]の理解や、表象機能も獲得される。

見る（生後5ヶ月）【QR2-24】

なめる（生後4ヶ月）【QR2-25】

5. 幼 児 期

1. 基本的生活習慣（食事、睡眠、排泄、着脱衣、清潔、安全）

幼児は、生活のなかで規則的にくり返される行動を通し、社会生活を営んでいくための基本的生活習慣を身につけていく。基本的生活習慣とは、①〔食事〕：食事行動の自立、食事・間食の規則性。②〔睡眠〕：就寝・起床時刻の規則性。③〔排泄〕：排泄行動の自立。④〔着脱衣〕：衣類・靴などの着脱行動の自立。⑤〔清潔〕：歯磨き・洗顔・うがい・鼻かみ。⑥〔安全〕：交通ルールなどの遵守である。山下俊郎（1966）は、これらを形成する条件として、〔習慣をつける時期〕、〔型つけ〕、〔反復練習〕、〔気持ち〕の4つをあげている。幼児は、その運動機能が発達しようとしている時に自発的に使用する傾向があるため、適切な時期を選び、一つひとつの部分的行動を一連の流れで行えるよう、くり返し模範を示し、型を作る。その行動を自動的・自律的にできるようになるまでは反復練習を続ける。子どものやろうとする気持ちを喚起するため、うまくいった時には努力を褒め、失敗した時には励まし、適切な援助をすることが大切である。

2017年3月31日に幼稚園教育要領、保育所保育指針、幼保連携型認定こども園教育・保育指針が改訂された。幼稚園教育要領第1章2節　幼稚園教育において育みたい資質・能力及び「幼児期の終わりまでに育ってほしい姿[15]」には、「知識及び技能の基礎」「思考力、判断力、表現力の基礎」「学びに向かう力、人間性等」の3つの柱が示されている。これらは、非認知能力[16]として生きる力を培う幼児期に大切に育てたいものである。

2. 言葉の発達

　誕生時は、反射的な発声や泣き・叫びであった言語能力は、生後1ヵ月から「くーくー」「あー」「うー」といったクーイングや喉を「ゴロゴロ」とならすような音声のガーグリングが現れ始める。生後4ヵ月頃には「バ」「マ」の喃語（バブリング）が現れ始める。喃語は機嫌のよい時にひとりで行う。「バババ」「ママ」など反復喃語が7～8ヵ月では多く、最盛期になる。母親が「マンマ」などと話しかけると喃語も活性化していく（【QR2-26】①～）。10ヵ月頃になると音声模倣ができるようになるため、反復的でない喃語も現れる【QR2-27、28】。

　1歳前後になると最初の言葉である1語文が発現する。初語とは、一般的に親がはじめて意味のある音声として感じとったものをいう【QR2-28】。「マンマ」「ママ」「ワンワン」など日常生活と結びついているものが多い。言葉と対象が結びつくことにより、乳児・母親・対象物の三項関係が可能になる【QR2-30】。

　1歳半頃には、「ママちょうだい」「パパいっちゃった」など、2語文【QR2-31】が使えるようになる。この頃から語彙の獲得数が爆発的に増えてくる（語彙爆発）。2歳半頃までには、ほぼすべての種類の品詞が使えるようになり、「ママ、まんまとってちょうだい」など多語発話ができるようになる。

　また、ヴィゴツキーは、子どもは他者とコミュニケーションをとったり、自分の考えを伝えたりするなかで外言が発達し、思考のための道具として音声を伴わない心のなかの言葉を使うことで内言が発達していくと考えた。

喃語 【QR2-26】			音声模倣【QR2-27】	歌【QR2-28】	初語【QR2-29】	三項関係【QR2-30】	二語文【QR2-31】
①	②	③					

3. 認知発達

　ピアジェの認知発達理論によると幼児期は前操作期[17]にあたる。2～4歳は象徴的思考段階とされ、象徴機能の獲得により、現実にない物事を別のものに置き換えて表現することができ、イメージや言語を使い、「見立て遊び」や「ごっこ遊び」ができるようになる【QR2-32】。また、4歳～7, 8歳は、直観的思考段階であり、外界を概念化して理解できるようになる。自己中心性（中心化）、アニミズム的思考・人工論・実念論、保存の概念の未発達という特徴がみられる。

　子どもは、いつから主体としての自分を認識できるようになるのか、ルイス（Lewis, M.）とブルックスガン（Brooks-Gunn, J.）は、「ルージュ・タスク」の実験を行った。これは、気づかれないように子どもの鼻に口紅で印をつけておき、その後で鏡を見せた時に自分の

鼻を擦って口紅をとろうとするか、鏡に手を伸ばすかで自己認識が成立しているかどうかを確認した。すると2歳頃の子どもは、自分の顔を手でふれ、自分を認識することがわかった。

ごっこ遊び
【QR2-32】 【QR2-33】

　3歳前後に自己認識が明確になり、身のまわりのことが自分でできるようになってくると、親の指示や手伝いに対して「いや」「自分で（やる）」「（～じゃ）ない」など自己主張や拒否行動、反抗的行動をするようになる。この時期を第一反抗期[18]という。幼児は反抗をすることよって、行動の主体、要求の持ち主としての自己の意識を明確にしていくため、正常な現象であり、自己意識を発達させる上で重要な意義がある【QR2-33】。

4. 社会性の発達

　3歳前後の仲間関係は、お互いに自己中心的なコミュニケーションをとっているため、遊具の取り合いなどのいざこざはつきものである。ところが子どもは、このいざこざを通し自己抑制や自己主張を制御すること（自己制御[19]）を学ぶため、育ちのチャンスといえる。
　発達心理学者のパーテン（Parten, M.）は、遊びと社会性の発達を関連づけ、遊びの分類を行った。「何もしない行動」「一人遊び」「傍観的行動」「平行遊び」「連合遊び」「協同遊び」と、社会性や言語能力により、遊びの質が変化することがわかっている。

6. 児　童　期

1. 児童期の仲間関係の特徴

　児童期は、幼児と青年期のあいだで6～8歳から12～13歳の者を指す。この時期は、就学により、読み書き能力や計算能力の基礎を形成していくなど知識量や記憶容量が急速に増え、メタ記憶、メタ認知の能力も発達する。また、自分ひとりではわからないことも、他者（仲間）とのやりとりのなかで学んでいく。旧ソ連の心理学者ヴィゴツキー（Vygotsky, L. S.）は、子どもが自力で問題解決できる現時点での発達水準と、他者からの援助や協同によって解決が可能となる潜在的発達水準とのズレを発達の最近接領域と呼んだ。学びのなかで仲間を始めとした周囲の影響は大きいといえる。
　児童期前半は、集団のルールやほかの児童の立場を理解し協調的な態度をもつようになり、脱中心化がはじまる。小学3～4年頃から4～6人の同性の排他性、閉鎖性の強い集団を作り、何をするにも徒党を組んで行動するようになる。この時期をギャング・エイジと呼ぶ。閉鎖性の強いインフォーマルグループ[20]であるため対人関係の発達の過程では現実検討の力を身につけるなど大切な時期であるが、近年は習い事や塾などに行きギャンググループで遊ぶ様子が見られなくなった。このことにより、コミュニケーション能力の不

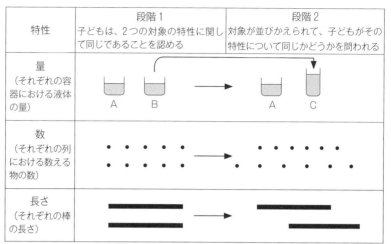

特性	段階1 子どもは、2つの対象の特性に関して同じであることを認める	段階2 対象が並びかえられて、子どもがその特性について同じかどうかを問われる
量 (それぞれの容器における液体の量)	A　B	A　C
数 (それぞれの列における数える物の数)		
長さ (それぞれの棒の長さ)		

図2-8　ピアジェの保存課題
（バタワース他, 1997）

足や良好な友人関係が作れないなどといわれている。

2. 保存の概念の獲得

　児童期は、ピアジェのいう具体的操作期（7, 8歳～11, 12歳）にあたり、具体的な物事に対する論理的な思考（具体的操作）ができるようになる。保存の概念を獲得することにより、実際に物を動かして考える、数える、量・重さ・長さを把握することができる。たとえば「（2つの同じ容器に入った水の1つを）細長い容器に入れたら水の量はどうなるか」という問いかけに対して、以前は「水の量が多くなった」と直観的に見かけの情報に左右されて判断していたのが、論理的に思考し、「元に戻したら同じだよ」（可逆性）、「物体のある側面（たとえばコップの底の大きさ）が、ほかのある側面（コップの長さ）を補った」（相補性）、「その物体から何かを取り除いたり、付け加えたりしていないので同じ」（同一性）というような理解が可能となっていく。

　形式的操作期（12歳以降）では、抽象的な思考、仮説演繹的な思考、抽象的な記号操作が可能となり、仮説に基づいた推論や、言葉や記号だけで論理的に考えを展開することができるようになる。

（大野　雄子）

【引 用 文 献】

東　洋（1969）. 知的行動とその発達　岡本夏木・古沢頼雄・高野清純・波多野誼余夫・藤永　保（編）
　　認識と思考　児童心理学講座4　金子書房

Havighurst,R.J.（1953）. *Human development and education.* Longmans,Green.

Luxenburger,H.（1943）. Kruzer Abriss der psychiatrischen Erblehre und Erbgesundheitspflege. In E. Bleuler（Ed.）, *Lehrbuch der Psyhiatrie*. Springer.（ルクセンブルガー , H. 高木正孝（訳）1950　遺伝と環境　脳研究, *8*,84-89）

Scammon,R.E.（1930）. The measurement of the body in childhood. In J.A.Harris et al., *Measurement of man*. University of Minnesota Press.

高野清純・林　邦雄（編）（1975）. 図説児童心理学事典　学苑社

バタワース他（1997）　発達心理学の基本を学ぶ　ミネルヴァ書房

用 語 解 説

(1) **双生児法**：双生児は1個の受精卵から2つの個体が生じた一卵性双生児と、もとから2個の受精卵がある二卵性双生児がある。一卵性双生児は同一の遺伝情報をもち、二卵性双生児は兄弟と同程度の遺伝規定性である。ジェンセンは、身長・知能・学業成績について一卵性双生児・二卵性双生児・兄弟・親子・他人の対間の差を環境の異同を含め実験を行った。

(2) **レディネス**：教育や学習が効果的に行われるには、学習者に心身ともに学習にふさわしい素地を必要とする。知能、知識、技能、体力、興味などの学習に必要な準備状態をレディネスという。レディネスは成熟と経験により形成される。ゲゼルの成熟待ちの教育観に対し、ブルーナーはどのような課題も適切な用法により、レディネス形成を早めることができるとした。

(3) **閾値**：反応、その他の現象を起こさせる場合、反応を起こすのに必要な最小エネルギーの値をいう。限界値や「しきいち」ともいう。たとえば、反応が死であれば致死閾といい、刺激作用であれば、刺激閾という。

(4) **9つの気質特徴**：トマスとチェスは乳児の反応パターンを気質ととらえ、9つの次元を明らかにした。①活動レベル、②規則性、③気の散りやすさ、④接近・回避、⑤順応性、⑥持続性、⑦反応強度、⑧反応閾値、⑨機嫌。3つのタイプは9つの次元を整理して得た、扱いやすい子（40%）、扱いにくい子（10%）、慣れるのに時間がかかる子（15%）の3タイプをいう。

(5) **頭部－尾部勾配、中心部－周辺部勾配**：乳児は首が座ることから始まり、寝返り、うつ伏せ、座る、つかまり立ち、歩行と頭部から尾部の方向へ発達が進む。また、このような粗大運動とともに、しだいに微細運動が獲得されていく。把握反射に始まり、ものを握りしめるだけだった手指がクレヨンを持ち絵を描く、細かい作業を要す製作や折り紙遊びなどが可能となっていく。

(6) **スキャモンの発達曲線**：各体組織の発育を20歳のレベルで100%とした場合、子どもの発育の特徴を4つのパターンに分けてグラフ化した。曲線は一般型（骨格・筋肉・内臓器官等）、神経型（脳や脊髄、感覚器官）、リンパ型（扁桃、リンパ腺、胸腺）、生殖型（子宮、卵巣、睾丸等）の4つ。神経型は5歳までに80%の成長をし、リンパ型では10歳前後は成人の能力の倍だといえる。

(7) **リビドー**：リビドーとは、性的欲望と同義であるが、この場合、さまざまな欲求に変換可能な心的エネルギーとしてとらえる。成人の「性器性欲」以前に幼児性欲があり、そのリビドーの対象となる身体部位は発達とともに変わっていくとした。口唇・肛門・男根と移り変わり最後に性器を中心とした性欲につながっていく。これを段階的に示したものがフロイトの発達段階説である。

(8) **妊娠期間**：妊娠期間は280日、約10ヵ月である。妊娠の週数は、最終月経の開始日であり、受精の日ではない。したがって、最終月経開始日は妊娠0週、排卵日（受精の日）は妊娠2週目という数え方になる。月経の遅れなどから妊娠が確認されるのは、妊娠2ヵ月以降となる。WHOによる妊娠の正常持続日数は最終月経開始日から280日（10ヵ月0日）とされている。

(9) **生理的早産**：スイスの動物学者 Portmann,A.1987-1982 は、人間の赤ちゃんはほかの離巣性の動物に比べ、未熟な状態で生まれてくることを表した。この理由として、脳の巨大化と直立歩行の開始により、胎内で成熟し続けると産道を通れなくなるため、未成熟なまま生まれ、約 1 年間母親に依存しながら成長を続けるという方法を進化の過程で学んだとされている。

(10) **原始反射**：口唇探索反射、吸啜反射、嚥下反射は母乳を吸うための反射であり、凝視反射は目の反射、引き起こし反射、ガラント反射、モロー反射は体幹の反射であり、把握反射、原始歩行反射、陽性支持反射、バビンスキー反射、非対称性緊張性頸反射、交叉伸展反射、逃避反射、磁石反射などは手足の反射である。

(11) **人見知り**：8 ヵ月前後の乳児は母親と離れると不安になって泣いたり、母親以外の人に対し人見知りをしたりするようになる。これは、母親とそれ以外の人を区別できるようになり、知らない人に対し不安や恐怖を抱くために起こる。つまり、成長の証ともいえる。精神分析学者のスピッツ（Spitz,R.A.1887-1974）は、この母子分離不安を「8 ヵ月不安」と呼んだ。

(12) **ストレンジ・シチュエーション法**：エインズワース（Ainsworth,M.1913-1999）らによる、愛着の発達やその類型を明らかにするための実験観察法。部屋のなかに母親と子どもがいる状況から、母親との分離状況、再会状況を作り、それに対する子どもの反応で愛着形成の状態を確認する。結果は「安定型（B 型）」「回避型（A 型）」「葛藤型（C 型）」に分類した。

(13) **シェマ**：人間が環境と相互作用する際に使われる行動や知識の枠組みのことをシェマ（スキーマ）という（認知心理学その他の学問領域では、スキーマ（6 章参照）が一般的）。さまざまな経験を通し新しい知識をシェマに取り込み（同化）、既存のシェマで対応できない場合は、シェマを修正し（調節）変化させる。ピアジェによる発達とは、同化と調節、均衡化をくり返しながらシェマが発達し、より高次のシェマに構造化されていく過程といえる。

(14) **物の永続性**：永続性とは、視界から消えた人や物などの対象が存在し続けるという概念をいう。たとえば、乳児の目の前のぬいぐるみに布を掛け、見えないようにする。そこで、ぬいぐるみが存在していると認識し、物の永続性が獲得されている場合、布をめくるなど探す。消えたと認識する場合は未獲得である。「いないいないばあ」を喜ぶのは獲得後のことになる。

(15) **幼児期の終わりまでに育ってほしい姿**：2017 年の 3 法令改訂により示された。⑴健康な心と体、⑵自立心、⑶協同性、⑷道徳性・規範意識の芽生え、⑸社会生活との関わり、⑹思考力の芽生え、⑺自然との関わり・生命尊重、⑻数量や図形、標識や文字への関心・感覚、⑼言葉による伝えあい、⑽豊かな感性と表現である。育ってほしい方向性であり、到達点や課題ではない。

(16) **非認知能力**：IQ などで測れる力を「認知能力」と呼ぶ一方で、たとえば目標に向かって頑張る力、他人とうまく関わる力、感情をコントロールする力など測れない力のことを「非認知能力」という。OECD は社会情動的スキル（非認知的能力）を「目標の達成」「他者との協働」「情動の制御」とし、ヘックマン（Heckman, J. 1944）は「ペリー就学前プロジェクト」から幼児教育の重要性を述べた。

(17) **前操作期**：2 ～ 7 歳がこの段階にあたる。前期は象徴的思考が後期は直観的思考が中心となる。象徴的思考段階では表象機能の発達により、見聞きしたことを頭のなかで覚え、再現するなどの延滞模倣ができることで、ごっこ遊びが可能になる。直観的思考段階では、ピアジェの「3 つの山問題」で説明できるように自己中心的で保存の実験では見た目に頼りまだ十分成立しない。

(18) **第一反抗期**：2、3 歳前後にあらわれる。自我のめばえであり、「いや」「自分で」と周囲に対し主張をする。「イヤイヤ期」ともよばれる。また第二反抗期は、思春期にあらわれる。親の言うことや既成の価値体系を拒絶したり、激しい怒りを表出したりする。これも自己意識の表れであり、人格の

成長過程で大切なことである。

(19) 自己制御：3 歳にかけて社会性が発達すると、幼児は自分のなかに行動の基準をもち、自分をコントロールできるようになる。柏木（1988）は自己制御を自己主張と自己抑制の側面でとらえた。自己主張とは他者に対して自分の意思や能力を認めさせ、自分の欲求を通すことで、自己抑制とは自分の欲求を抑制することである。いざこざを通し、折り合いやバランスを学ぶ。

(20) インフォーマルグループ，フォーマルグループ：インフォーマルグループは、メンバーの私的感情に基づいて自然発生的に形成された、形式的な規制をもたない遊びの仲間集団や徒党集団をいう。また小学校における児童会や委員会、学級集団のようにメンバーの職務・責任・権限などが規定されている集団をフォーマルグループと呼ぶ。

発　達　2
～青　年　期～

　青年期[1]とは、おとなへの準備を始める時期であり、中学生、高校生、大学生を指す。青年期の若者は、身体だけではなく、心のありようや周囲の人との関係も大きく変化する。児童期までの安定した心の状態がいったん崩れることから、青年期は「第二の誕生」と呼ばれることもある。本章では、認知の発達、自己の発達、性の発達、社会性の発達の4つの側面から青年期の特徴について概説する。

1. 認知の発達

　ピアジェ（Piaget, J.）の発達段階理論によれば、青年期は形式的操作期[2]にあたる。具体的な事物や事象、経験などの現実場面を離れ、形式的、仮説的な考え方ができるようになる。たとえば、実行前に考えることや、事実とは異なる可能性について考えることができる。また、複数の可能性を考慮し、それらを順序立てて検討することも可能になる。

　青年期にはメタ認知[3]も発達する。メタ認知とは、自分自身の認知（考える、記憶する、理解する、判断するなど）を認知することである。メタ認知には、メタ認知的活動とメタ認知的知識が含まれる。メタ認知的活動は、モニタリング（自分の認知状態に気づくこと）と制御（目標を設定したり修正したりすること）である。メタ認知的知識は、自分自身の認知についての知識や、人間の認知の一般的傾向についての知識である。メタ認知は、効果的に学習を進める上で重要な役割を果たす。たとえば、数学の文章題を解くには、問題を理解する、計算を実行する、計算結果を書くなどの段階がある。メタ認知の発達により、これらの複数の段階に均等に注意を配分し、どの部分が苦手であるのかなどもわかるようになってくる。

2. 自己の発達

1. 自 己 概 念

　「私は日本人である」「私は大学生である」など、われわれは自己についてのイメージをもっている。心理学では、このような自己に関する記述的側面を自己概念と呼ぶ。自己概念の具体的な内容を知る方法の1つに「20答法」と呼ばれる方法がある。「私は誰でしょう」

という質問に対し、20通りの答を自由に記述させていくものである。幼児や児童は、名前や身体的特徴など、客観的、外面的特徴による記述が多い。青年期になると「私は神経質である」「私は社交的である」など、心理的特徴、対人関係の特徴、社会的役割、思想や信念など、主観的・内面的な特徴の記述が増加する。自己概念が内面的な特徴によるものに変化し、かつ、多様化していくためと考えられている。

　青年期には重要な他者が自己についてどう思っているかが気になり始める。他者評価の内容が自己概念に影響を与えるのである。たとえば「友だちがたくさんいる」「人を愉快にさせる」などの性格を述べることが多くなる。また、自己評価が否定的になることも指摘されている。たとえば、青年に自己理解インタビューで「好きなところ」と「嫌いなところ」を聞くと、嫌いなところへの言及が半数以上を占めることもある。これは、正確に他者との比較ができるようになることと関連し、否定的な側面に目を向けてしまう結果であると考えられる。

　さらに、行動範囲の拡大とともに、学校にいる時の自分、友だちと一緒にいる時の自分、家族と一緒にいる時の自分など、関係や状況に応じて自己概念が多面的に発達していく。この複数の自己概念が矛盾している場合、どれが本当の自己なのだろうかと悩むこともある。また、「見せかけの自己行動」をとることで、本当の自分とは異なる自分をあえて示すこともみられる。

2. ライフサイクル理論

　エリクソン（Erikson, E. H.）のライフサイクル[4]理論によると、青年期の発達課題[5]は自

		1	2	3	4	5	6	7	8
Ⅷ	円熟期								自我の統合 対 絶望
Ⅶ	成年期							生殖性 対 停滞	
Ⅵ	若い成年期						親密性 対 孤独		
Ⅴ	思春期と青年期					同一性 対 役割混乱			
Ⅳ	潜在期				勤勉性 対 劣等感				
Ⅲ	移動性器期			自主性 対 罪悪感					
Ⅱ	筋肉肛門期		自律性 対 恥と疑惑						
Ⅰ	口唇感覚期	基本的信頼 対 不信							

図3-1　エリクソンの8つの発達段階（天谷, 2009より）

我同一性の確立である。エリクソンは人間の一生を8つの発達段階に分け、各段階に固有の発達課題があるとした（図3-1）。各時期の発達課題は、「基本的信頼対不信」のような2つの要素の対立の構図として示されている。そのなかでエリクソンがもっとも重視したのは、自我同一性[6]の確立であった。一般に、青年期以前の同一性は、既存の価値観を取り入れることで形成される。青年期になると独自の価値観に基づいたあらたな同一性を作り上げなければならない。これは労力がかかる作業であり、うまくいかないと、何をしてよいかわからない、将来の見通しが立たないなど、同一性拡散状態に陥る。

　また、エリクソンは、成人期に入ることを一定期間猶予し、そのあいだに同一性確立に向けて、多様な社会的役割について模索するモラトリアム[7]という時期があることを指摘した。青年は自分の「ありえる私」を考え、さまざまな経験をしてみるという行動をとるのである。

3. 性 の 発 達

　性は、生涯を通して発達し続ける。思春期は、性ホルモンの水準の上昇による第二次性徴[8]の到来により始まる。これは性の発達の生物学的基礎になる。性的な成熟は個人差も大きいため、同年代の他者との身体の違いに一喜一憂し、「他者と違うのではないか」「遅れている」「進んでいる」などを気にする。このような不安を親や友人に打ち明けることもなく、ひとりで悩む青年も多い。

　性の発達は、ホルモンからの直接的な影響のみならず、社会的な影響を強く受ける。たとえば、女子に対する「美しくあるべきである」「スリムであるべきである」や男子に対する「男らしくあらねばならない」などの社会的圧力が青年の心理や行動に影響する。また、性別に基づいて期待される社会における役割は性役割と呼ばれる。これらの社会的な価値や期待は、家庭、学校、マスメディアなどさまざまな文脈から発信される。性役割に違和感を抱く場合や性役割にかなった行動がとれない場合、青年期の悩みも深まる。一般に女子の性役割は男子よりも低く、青年期女子の自己評価の低下と関係するという指摘もある。また、伝統的性役割は男女を問わず社会的圧力として働くことも多い。

　男性か女性かという自己の性に関する認識はジェンダー・アイデンティティ、あるいは性同一性[9]と呼ばれ、青年期に急速に発達する。そうしたなかで、恋愛対象や性的指向[9]を自覚し、性行為を伴う関係をもつ青年も現れる。ただし、性のありようは多様であり、男または女というように単純に二分できるものではないし、性的指向の対象が異性であるとは限らない。性的少数者は、セクシュアル・マイノリティと呼ばれることが多い。なお、マイノリティとは実数を反映するものではなく、社会的に差別または無視されてきた存在であることを意味する。青年期に向きあうこれらの性やジェンダーの問題は、国際的にはSOGI[10] (Sexual orientation and Gender Identity) と包括的に表現されている。自身のSOGIに

向きあい、性同一性の確立を目指すことが青年期における大きな課題でもある。

4. 社会性と仲間関係

1. 仲間関係と役割取得

　対人関係のうち、年齢が近く興味・関心をともにする者との関係を仲間関係と呼ぶ。仲間関係の形態は発達段階に応じて異なってくる。児童期に多くみられるのがギャング・グループ[11]である。子どもはギャング・グループの一員として、仲間と協同するなどの適応的な行動を身につける。続いて思春期以降の中学生の頃にみられる仲間関係はチャム・グループ[12]と呼ばれる。チャム・グループに所属すること、あるいはチャムという親友を作ることは、自分らしさを発揮し、自分自身というものを考えていく基礎となる。その一方、ピア・プレッシャーが働き、リスク行動や反社会的行動につながる可能性もある。高校生以上になるとピア・グループ[13]に変化する。異質性を認め、自立した個人として尊重しあう仲間関係である。このように、仲間に対して同一的であった時期から、個別性を大切にし、それを受け入れる時期へと変化していくのである。

　友人関係の変化には役割取得[14]能力が関係する。これは、相手の立場に立って心情を推しはかり、自分の考えや気持ちと同等に他者の考えや気持ちを受け入れ、調整し、対人交渉に活かす能力のことであり、友人関係を含む人間関係を維持、発展する上で重要である。役割取得能力には、(1) 自他の観点の違いを意識すること、(2) 他者の感情や思考などの内的特性を推論すること、(3) それに基づいて自分の役割行動を決定すること、という3つの機能が含まれている。

　ホーリーは木登りの好きな女の子です。彼女は近所で一番木登りが上手でした。ある日高い木から降りようとして、木から落ちてしまいました。しかし、怪我はありませんでした。ホーリーのお父さんは、ホーリーが落ちるのを見ていました。お父さんは心配し、ホーリーに、これからはもう木登りをしないと約束するように言いました。ホーリーは約束しました。

　何日かして、ホーリーは彼女の友だちのショーンに会いました。ショーンの子猫が木にはさまれて、降りられなくなっていました。すぐにどうにかしなければなりません。そうしないとその子猫は落ちてしまいます。子猫の近くまで登っていって、子猫を降ろすことができるのはホーリーしかいません。でも、ホーリーはお父さんとの約束を思い出しています。

役割取得能力を調べるための質問の例：

　「ホーリーはショーンが子猫のことをどう思っているか知っていますか」

　「もしホーリーが木に登ったことをお父さんが知れば、お父さんはどんな気持ちになるでしょう」

　「このような状況で、あなたはどうしますか」

セルマン（Selman R. L.）は、役割取得能力を測定するために、35頁のようなジレンマ課題を作成した。

　セルマンによると、役割取得は、自分の視点からしか物事をとらえられない段階から、自分の視点と他者の視点を区別して理解できるが双方を関連づけることができない段階へと発達する。さらに、他者の視点に立って自分の思考や行動を内省できる段階を経て、自分と相手以外の第三者の視点に立つこと、その後、さまざまな視点が存在するなかで自分自身の視点を理解できるようになる段階へと発達する。

2. 道　徳　性

　社会の一員として生活していくためには道徳を身につける必要がある。道徳とは、その社会の構成員が守るべき規範の集合体である。多くの規範を内面化し、われわれは道徳性[15]という人格特性を形作る。

　生物としてのわれわれは生存欲求を有している。人間は、集団生活を営むという方略を用いて、生き延びる可能性を高めてきた。他者とともに生きていくためには、食べ物を含めさまざまなものを公平に分配する必要がある。道徳の基本的な要素に公平や平等の原理があるのはこのためである。さらには、集団規範を維持するためには、それぞれの行為がルールにかなっているかどうかを判断しなければならない。そして、ルールの逸脱者を罰したり排除したりする必要がある。われわれが善悪やルールからの逸脱に敏感であるのは、そのためである。そして、より良い集団を作っていくために、相互に助けあうことも重要になる。これが一般に思いやりと呼ばれる利他行動である。以下では、これらの観点から、善悪についての道徳判断、ルールについての理解、そして利他行動のひとつとして、向社会性について順にみていこう。

　道徳性のなかで、善悪を判断する認知能力を道徳判断という。ピアジェは道徳判断の研究を、規則の認識を分析することから始め、その後、故意と過失、盗み、嘘、正義感などを取り上げ、子どもの判断を調べた（Piaget. 1932/1965）。たとえば、意図的かどうかということとその結果生じたことの悪さが異なる2人が登場するストーリーを子どもたちに提示し、どちらが悪いかを判断させている。その結果、子どもの道徳的な発達は、他律性（道徳を律する主体は外にある）から自律性（道徳を律する主体は自分たちにある）へと変化することが示された。これは、物質的な結果に基づき善悪を判断する客観的責任判断から、行為の意図や動機に注目した判断を行う主観的責任判断へと変化するというものである。

　ピアジェの道徳発達段階は主に幼児と児童を対象にしたものであったが、コールバーグ（Kohlberg. L.）はピアジェの理論を拡張し、青年期以降の道徳性の発達をも含む包括的な理論を展開した（Kohlberg. 1958,1963）。彼は、生命、法律、良心などの道徳的価値が葛藤するジレンマに対する判断とその理由づけを分析した。その結果、道徳性の発達の方向と、道徳哲学における適切性の基準が「平行している」ことが示された。つまり、人々の理由

づけは、主観的な見方や具体的な問題状況の特殊性を構成する要素から離れ、誰にとっても正しい判断を下すことができるようになる過程、すなわち、「普遍化可能性」と「指令性」の基準を満たす形式に変化していったのである（表3-1）。たとえば、「嘘をつくことは道徳的に悪いことである」という主張には、嘘をつくことが誰でも、いつ、どこであっても、誤りであるという普遍化可能性、嘘をついてはならないという指令性、つまり、好みや欲求を超えた義務性が含まれている。一般に、中学生は第3段階が多く、高校生になると第4段階が増加することが示されている。

　道徳性には抑制的な側面以外に、向社会的側面がある。「向社会的」とは、社会のためになりたいというような、社会に対して前向きであることを意味する。アイゼンバーグ（Eisenberg. N.）は、次のような向社会的行動[16]に関わるジレンマ場面を提示し、向社会性の発達を調べた。

表 3-1　コールバーグによる道徳性の発達段階 （荒木. 2017 より）

	段階	特徴	図式にすると
前慣習的水準	第1段階：罰の回避と服従志向	正しさの基準は外部（親や権力を持っている人）にあって、罰せられるか褒められるかが正しさを決定する。	親など → 私
前慣習的水準	第2段階：ギブアンドテイク 道具的互恵主義志向	正しいこととは、自分の要求と他人の要求のバランスがとれていることであり、「〜してくれるなら、〜してあげる」といった互恵関係が成立すること。	私 ⇄ 親など
慣習的水準	第3段階：よい子志向	グループのなかで自分がどう見られているのか、どういう行動が期待されるのかが正しさの基準になる。つまりグループの中で期待される行動をとることが正しいことである。	私 他人 他人
慣習的水準	第4段階：法と社会秩序志向	個人的な人間関係を離れ、社会生活のなかで、あるいは法が治めるなかで、どのように生きていくか考えることができる。正しさの基準は、社会システムの規範に合致することである。	法や社会システム 私 他人 他人
脱慣習的水準	第5段階：社会的契約と法律的志向	社会システムのなかで生きながら、かつ社会システムの矛盾を見出し、それを包括するような視点を提起できる。	法や社会システム 私 他人 他人
脱慣習的水準	第6段階：普遍的な道徳	正義（公正さ）という普遍的な原理に従うことが正しいことであり、人間としての権利と尊厳が平等に尊重されることが道徳的原理となる。	法や社会システム 私 他人 他人

ある村で、人々が夏のあいだ一生懸命働いたのに、秋には村の人々がやっと食べられるだけのお米しかとれませんでした。その頃、隣の町で、川の水がいっぱいになって汚い水が溢れ出し、食べ物が腐ってしまいました。隣の町の人々は村の人々に「食べ物を少しでもいいから分けてください」と頼みました。村の人々は隣の町の人々に食べ物を分けてあげると、自分たちも飢えてしまうかもしれません。その上、隣の町は村からかなり遠いところにあって、道路も悪いので、食べ物も簡単には運べません。（宗方・二宮, 1985 に基づき作成）

向社会性を調べるための質問の例：

「（主人公は）どうしたらいいでしょうか」

「どうしてそう考えたのですか」

　年齢ごとに回答のパターンを分析したところ、自分の快楽に基づいて考える段階から、相手の立場に立って共感的に考える段階を経て、内面化された規範や価値に基づいて考えることができる段階に至ることが示された。「人々は互いに助けあった方がよいから」「みなが助けあったら社会は良くなるから」のような、一般化された互恵性や社会状況への関心に基づく回答は、学年が上がるほど多くなった。

（長谷川　真里）

【引 用 文 献】

天谷祐子（2009）．青年期1：自分らしさへの気づき　藤村宣之（編）　発達心理学（pp.125-145）ミネルヴァ書房

荒木寿友（2017）．ゼロから学べる道徳科授業づくり　明治図書

Kohlberg, L. (1958). The development of modes of moral thinking and choice in the years ten to sixteen. Unpublished doctoral dissertation, University of Chicago.

Kohlberg, L. (1963). The development of children's orientations toward a moral order, I :Sequence in the development of moral thought. *Vita Humana*, *6*,11-33.

Piaget, J. (1932/1965). *The moral judgement of the child*. New York: Free Press.

宗方比佐子・二宮克美（1985）．プロソーシャルな道徳的判断の発達　教育心理学研究, *33*, 157-164.

用 語 解 説

(1) 青年期：青年期は子どもからおとなへの過渡期、移行期として位置づけられている発達段階である。生物学的な意味での移行期は思春期と呼ばれる。中学生を青年期前期、高校生を青年期中期、大学生を青年期後期と見なす場合が多い。

(2) 形式的操作期：ピアジェの認知発達理論における、4番目の発達段階である。具体的操作期における論理操作の対象が具体的な現実に限定されているのに対し、形式的操作期では、現実を可能性の一つととらえ、言語や記号の形式による仮説演繹的思考が可能になる。この思考の構造は、青年期以降の

生活全体を通じて展開される。

(3) メタ認知：自己の認知過程についての認知と知識を指す。前者のメタ認知活動とは、自分の認知状態に気づき、目標を設定したり修正したりすることである。後者のメタ認知的知識とは、自分自身および人間の認知の一般的傾向についての知識である。

(4) ライフサイクル：エリクソンは乳児期から老年期までの生涯発達をライフサイクルと呼び、8つの段階に分類した。人は適切な条件が整った場合、漸成的な法則に沿った発達を遂げていくと仮定し、発達段階ごとに固有の発達課題を示す発達段階モデルを提唱した。

(5) 発達課題：発達のそれぞれの時期における、発達的に意味のある、達成されるべき課題。エリクソンは一生を8つの時期に分け、各時期の発達課題を示した。

(6) 自我同一性：エリクソンが青年期の中心的な課題として提唱した概念である。アイデンティティとも呼ばれる。同一性の感覚、すなわち「私は私である」とか「私は私らしく生きている」といった確信に近い感覚が青年に生きがい感や充実感をもたらすと考えられる。

(7) モラトリアム：もともとは「支払猶予」を意味する用語であったが、エリクソンは成長のための猶予期間という青年期の心理的特徴を表すものとして概念化した。

(8) 第二次性徴：胎児期における性器の形成が第一次性徴、思春期における性的成熟が第二次性徴と呼ばれる。ホルモン水準の上昇により、男子は筋肉量が増え身長が高まり、女子は体毛が濃くなるなどの身体的変化が訪れる。

(9) 性同一性と性的指向：性同一性とは自分の性の認識、性的指向とは性愛の対象として異性、同性、両性のいずれを求めるかという指向性のことである。一般に社会では、生物学的性、性同一性、性的指向が一貫していることを「ノーマル」と見なすが、実際にはしばしばギャップが生じ、かつそのギャップに戸惑う青年は少なくない。

(10) SOGI：Sexual orientation and gender identity である。レズビアン、ゲイ、バイセクシュアル、トランスジェンダーの頭文字をとった LGBT は、一部の性的指向と性別違和のある人を強調した用語であるため、近年は LGBT に代わって SOGI がセクシュアリティを表す包括的な概念として用いられることが多くなってきた。

(11) ギャング・グループ：児童期に特徴的な仲間集団の名称である。集団のなかで誰が何をするのか役割分化されており、仲間同士であることを示すために共通のアイテムや合言葉を共有することがある。また、このような集団に所属するために自己中心的行動を抑え、協同しなければならないため、子どもの社会性の発達に寄与すると考えられる。

(12) チャム・グループ：一般には小学校高学年から中学生にかけてみられる仲間集団である。互いの類似性を言葉で確かめあうという内面的な類似性の確認が重視される仲間関係である。

(13) ピア・グループ：青年期中期頃からみられるようになる仲間集団である。内面・外面とも異質性を認め、自立した個人として尊重しあう仲間関係であり、メンバーの異なる価値観を受け入れられることが特徴である。

(14) 役割取得：相手の立場に立って心情を推しはかり、自分の考えや気持ちと同等に他者の考えや気持ちを受け入れ、調整し、対人交渉に活かす能力である。児童期の「主観的役割取得」、「二人称相応的役割取得」の段階を経て、青年期になると、第三者的視点のとれる「三人称相互的役割取得」、多様な視点または象徴的なレベルの視点を理解できる「一般化された他者としての役割取得」へと発達する。

(15) **道徳性**：人としてより善く生きようとする行為を生み出す社会的能力のことである。所属集団内の社会的規範を尊重するだけでなく、文化や集団を超えた普遍的な価値について考え、正義や公正さの観点から複雑な社会問題を解決しようとする態度、思いやりや配慮なども含む。

(16) **向社会的行動**：他者あるいはほかの人々の集団を助けようとしたり、こうした人々の利益になることをしようとする、自発的な行動である。動機が利己的か愛他的であるかは問わない。アイゼンバーグによると、子どもの向社会性は、快楽主義的で実際的な志向性から、共感的な志向性へ、そして強く内面化された段階へと発達するものである。

hapter 4

パーソナリティ

1. パーソナリティの理解

1. パーソナリティとは何か？

　私たちは個人の特徴について説明しようとする時、しばしば「性格」という言葉を用いる。たとえば、友人がどんな人物かを紹介する際に「Aさんは優しい性格です」と表現する。では、「優しい性格」とはAさんのどんな特徴を表しているのだろうか。

　性格とは何かを理解するには、私たちが性格を判断する時に何を手がかりとして用いるかを考えるとよいだろう。たとえば、電車やバスで具合の悪そうな人に席を譲る人を見て、「あの人は優しいな」と思うことはないだろうか。また、クラスメイトの陰口を言っている同級生を見て、「あの人は意地悪なんだな」と思うことはないだろうか。このように、私たちは行動や態度から個人の性格を判断している。つまり、性格とは状況の変化にかかわらず、ある程度一貫した個人の行動の特徴であるといえる。この個人を特徴づける行動の様式をパーソナリティと呼ぶ。

2. パーソナリティの成り立ち

　パーソナリティは遺伝的な要因が強く反映されたものと、環境的な要因が強く反映されたものに区別することができる。遺伝的要因が反映された行動様式を気質[1]（temperament）、環境的な要因が反映された行動様式を性格[2]（character）と呼ぶ。図4-1に示すように、パーソナリティは、生まれつき備わっている気質を基盤として、経験によって身につけた性格が加わって成り立っている。さらに、気質と性格を包括した総合的な行動様式を人格[3]（personality）と呼び、人格には個人の考え方や価値観も含まれる。

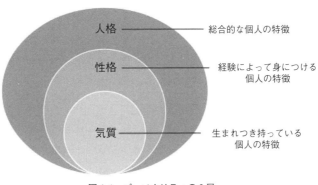

図4-1　パーソナリティの3層

2. パーソナリティを記述する方法

「十人十色」という四字熟語が示すように、パーソナリティは一様ではなく、個人によってさまざまな特徴がある。たとえば、双子の兄弟がいた時、一方は活発な性格で、もう一方は控えめな性格であるように、それぞれのパーソナリティは異なっている。このようなパーソナリティの違いが個人差である。パーソナリティの個人差について理解するための理論には類型論と特性論がある。

1. 類 型 論

初対面の相手との会話で「あなたの血液型は？」のように血液型を話題にすることがある。これは、血液型とパーソナリティには関連があるという認識が浸透しており（実際には、血液型とパーソナリティに明確な関連はない）、血液型から相手がどんな人物かを予想しようとするためである。このように人間を一定の客観的な基準に基づいて分類し、分類されたグループに典型的なパーソナリティを個人の特徴として理解する考え方が類型論[4]である。

①クレッチマーの類型論：ドイツの精神科医であるクレッチマー（Kretchmer, E.）[5]は体格を3つに分類し（図4-2）、躁うつ病は肥満型で、統合失調症は細長型でよく現れることを見出した。また、それぞれの体格は対応する精神疾患の病前性格とも関連すると考え、体格によるパーソナリティの違いを精神疾患をもたない人々にもあてはめた。

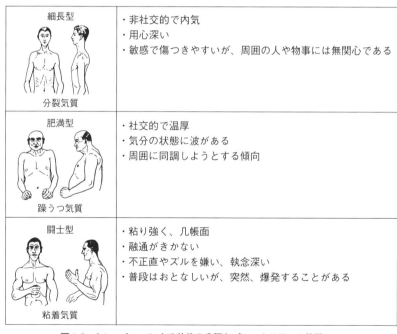

細長型 分裂気質	・非社交的で内気 ・用心深い ・敏感で傷つきやすいが、周囲の人や物事には無関心である
肥満型 躁うつ気質	・社交的で温厚 ・気分の状態に波がある ・周囲に同調しようとする傾向
闘士型 粘着気質	・粘り強く、几帳面 ・融通がきかない ・不正直やズルを嫌い、執念深い ・普段はおとなしいが、突然、爆発することがある

図4-2　クレッチマーによる体格の分類とパーソナリティの特徴

②ユングの類型論：分析心理学の創始者であるユング（Jung, C. G.）[6]は人間に備わっている心的エネルギー（リビドー）に注目してパーソナリティを外向型と内向型に分類した。心的エネルギーが自己の外側に向かっている外向型は、外界からの影響を受けやすい傾向がある。一方、心的エネルギーが自己の内側に向かっている内向型は、自分の内面に興味・関心を向ける傾向がある。

表 4-1　ユングの類型とパーソナリティの特徴

外向型	内向型
・社交的で決断が早い。 ・考えるよりも行動することを好む。 ・挑戦的な場面で能力を発揮する。	・控えめで、ためらうことが多い。 ・考えすぎて行動できなくなってしまうことがある。 ・慣れた環境、親しい人間関係のなかで能力を発揮する。

2. 特　性　論

　テレビゲームでプレイするキャラクターを選択する時、「キャラクター A は攻撃力が高いが、守備力が低い」のように、私たちはパラメータと呼ばれるそのキャラクターがもつ要素に注目することがある。これはキャラクターの特徴をパラメータという要素の組み合わせによって把握しているためである。パーソナリティの特徴を記述する際にも同様の考え方ができる。図 4-3 のようにパーソナリティに関連するいくつかの項目を定め、それぞれの項目を得点化すると、個人の特徴が明確になる。たとえば、A さんは「優しい」の点数が 9 点でもっとも高いので、「A さんの特徴は優しさだ」と判断できる。このようにパーソナリティを複数の要素のまとまりとして理解する考え方を特性論[7]といい、パーソナリティを構成する個別の要素（図 4-3 では「社交性」など）を特性と呼ぶ。特性には個人に特有の個別特性と、万人に共通する共通特性があり、相対的に突出した共通特性の内容に注目することで、パーソナリティの個人差を明確にすることができる。

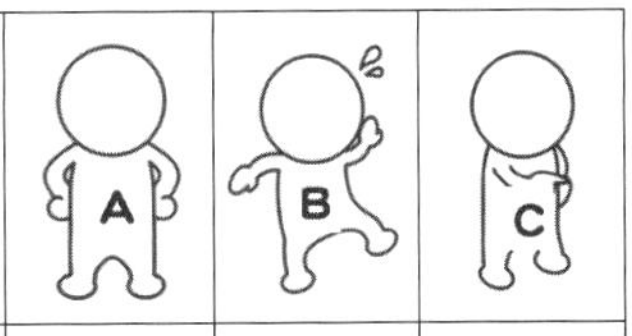

	A	B	C
社交性	2	8	3
神経質	3	3	9
優しい	9	3	2
真面目	6	6	6

図 4-3　パーソナリティ特性の例

　①オールポートの特性論：オールポート（Allport, G. W.）は辞典からパーソナリティや行動に関連する言葉を選び出し、整理することでパーソナリティ特性を抽出した。また、抽出された 21 の共通特性に注目して、個人が共通特性をどの程度備えているかを心誌（サイコグラフ）として視覚的に表現した。

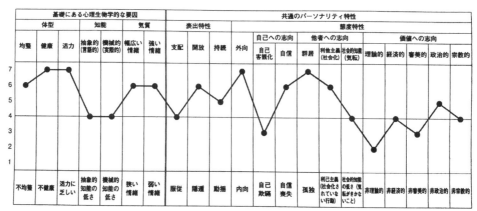

図 4-4　心誌 (サイコグラフ) の例 〔Allport, 1937：島，2017 をもとに作成〕

②ビッグファイブ[8](Big Five)：ゴールドバーグ (Goldberg, L. 1932-2019) は 5 つの共通特性によってパーソナリティを説明するビッグファイブを提案した。ビッグファイブでは、私たちのパーソナリティを「情緒不安定性」「外向性」「開放性」「協調性」「誠実性」という 5 つの共通特性のうちどの特性が強い（弱い）かによって説明する。

表 4-2　ビッグファイブの特性

特性名	内容	特徴
情緒不安定性 (N) Neuroticism	感情の不安定さ	・気持ちが安定せず落ち着きがない。 ・感情のコントロールが苦手。 ・ストレスへの対処が苦手。
外向性 (E) Extraversion	積極性 社交性	・ポジティブ思考である。 ・人と関わることが好き。 ・興奮することや刺激を求める。
開放性 (O) Openness	新しい考えを 受け入れる	・好奇心旺盛 ・新しい理論や政治に好意的。 ・既存の権利に疑問をもつ。
協調性 (A) Agreeableness	共感性 周囲への同調	・他者への敵対心や競争心をもたない。 ・グループ活動を好む。 ・周囲の人からも好かれる傾向がある。
誠実性 (C) Conscientiousness	真面目さ 統制力	・欲求や衝動をコントロールできる。 ・ものごとを計画的に実行する。 ・行動する前に十分に考える。

3.　類型論・特性論の長所と短所

　類型論と特性論は、それぞれが異なったアプローチでパーソナリティを記述する方法であり、ともに長所と短所がある。類型論は分類された類型の典型的なパーソナリティを個人の特徴としてとらえるので、パーソナリティの全体像がとらえやすい。しかし、多くの

パーソナリティを少数の類型に分類するため、複数の類型の特徴をもつ場合（混合型）や、類型 A と類型 B の中間にあるような場合（中間型）が無視されてしまう。一方、特性論はパーソナリティの特徴を要素の組み合わせとその量ととらえるため、多様なパーソナリティの特徴を詳細に説明することができる。しかし、特性の量によって表現される特徴は個人のパーソナリティの一部を断片的に説明しているにすぎないので、パーソナリティの全体像を把握することが難しい場合もある。したがって、パーソナリティを十分に理解するためには類型論、特性論それぞれの特徴を理解して用いることが肝要である。

3. パーソナリティを調べる方法

　私たちのパーソナリティを客観的に調べるための主な手法として (1) 観察法、(2) 面接法、(3) 性格検査法があげられる。

　①観察法：観察法は対象者を観察する場面を厳密に操作する実験観察と、観察する場面を操作しない自由観察に分けられる。たとえば、児童生徒が授業中に挙手をする回数を観察するのは実験的観察であり、休み時間の様子を観察するのは自由観察である。

　②面接法：面接法には質問する内容と順番をあらかじめ決定しておく構造化面接と、面接の状況に合わせて自由に質問する自由面接がある。

　③性格検査[9]法：性格検査には質問紙法[10]、投影法[11]、作業検査法[12]の3つの手法がある。質問紙法はあらかじめ作成した質問項目を提示し、対象者の回答を分析することでパーソナリティの特徴を把握する方法である。代表的な質問紙法性格検査として、YG 性格検査（矢田部ギルフォード性格検査）、MMPI（ミネソタ多面人格目録）、TEG（東大式エゴグラム）などがあげられる。投影法はあいまいな刺激（たとえば、絵や図形など）を提示し、その刺激に対する対象者の反応を記録して分析することでパーソナリティの特徴を把握する方法である。代表的な投影法性格検査として、ロールシャッハテストや TAT（絵画統覚検査）、バウムテスト[13]、P-F スタディ（絵画欲求不満テスト）、SCT（文章完成法テスト）などがあげられる。作業検査法は対象者に具体的な作業を実施させて、その作業経過や作業結果、作業中の行動からパーソナリティの特徴を把握する方法である。もっともよく使用される作業検査は内田クレペリン精神（作業）検査である。

表 4-3　性格検査の例

種類	検査名	概要
質問紙法	矢田部ギルフォード性格検査 （YG 性格検査）	情緒の安定度や人間関係の特徴、知的活動性の傾向を調べる。特性論に基づいた 12 の性格特性（社会的外向・思考的外向・抑うつ性・一般的活動性など）を測定する。小学生から成人まで適用できる。
	MMPI （ミネソタ多面人格目録）	精神疾患の診断を目的とした性格検査で、パーソナリティの構造を調べる。550 項目の質問項目で構成され、抑うつ・心気症・社会的内向などについて測定できる。124 項目の短縮版（MINI-124）もある。
	TEG （東大式エゴグラム）	個人のパーソナリティにおける自我（エゴ：ego）状態を調べるものである。交流分析の理論に基づいて行動を 5 つの自我状態（CP・NP・A・FC・AC）に分類し、対人交流の特徴を調べる。
投影法	ロールシャッハテスト	インクのしみが印刷された図版を提示して、対象者の反応（何に見えるか）を分析する。対象者の反応から認知の仕方や感情の特徴を判断する。
	TAT （絵画統覚検査）	あいまいな場面が描かれた図版を提示して、「その絵から思い浮かぶ物語を作り、話すこと」を対象者に求める。30 枚の絵と 1 枚の白紙図版で構成されている。対象者の反応（物語）から重要な人物に対して抱くイメージや一般的な対人的構えを調べる。対象の年齢に応じて、CAT（幼児・児童用）・SAT（老人用）がある。
	P-F スタディ （絵画欲求不満テスト）	登場人物が欲求不満になる 24 場面のイラストを提示し、その登場人物の反応を回答させる。攻撃性の方向と攻撃性表現の型によって欲求不満に対する反応を分類する。
	SCT （文章完成法テスト）	文章の最初の部分だけを提示し、それに続く言葉を自由に回答させる。60 項目の文章からパーソナリティの知的側面・情意的側面などの 7 つの側面を解釈する（精研式文章完成法）。成人用・中学生用・小学生用がある。

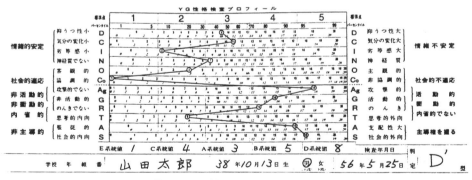

図 4-5　YG 性格検査のプロフィール例

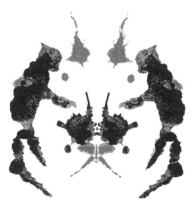

図4-6　ロールシャッハテスト図版の例

4.　パーソナリティ形成

1.　遺伝と環境

　「子は親を映す鏡」ということわざが示すように、親のパーソナリティが子に受け継がれるという考え方は広く知られている。遺伝的要因がパーソナリティの形成にどの程度影響するのかについては双生児を対象とした研究がなされている。ビッグファイブの特性の類似度について、遺伝子情報が100%同じである一卵性双生児と遺伝子情報の50%が同じである二卵性双生児を比較すると、一卵性双生児の方が5つの特性のすべてにおいて兄弟間での類似度が高かった。この結果から、遺伝はパーソナリティ形成に一定の影響を与えていると考えられている。しかし、双生児に限らず、兄妹・姉妹は多くの場合に同じ親から養育を受け、同じ環境で生活する。つまり、生育環境の大部分が共通であるため、パーソナリティ形成において環境の要因を無視することはできない。現在では、遺伝と環境の相互作用によってパーソナリティが形成されるという考え方が主流であり、とくに家庭環境（詫摩, 2003）や親子関係（村尾, 1966）はパーソナリティの形成に影響する要因だと考えられている。

2.　トマスとチェスのニューヨーク縦断研究

　トマス（Thomas, A.）とチェス（Chess, S.）による研究グループは、養育者からの聞き取りと行動観察に基づいて生まれたばかりの乳児を「扱いやすい子」「扱いにくい子」「ウォームアップが遅い子」の3つのタイプに分類した。扱いやすい子は睡眠・覚醒や排泄といった生理的リズムが安定しており、機嫌の良い状態が持続しやすい。また、環境への順応も早い。一方で扱いにくい子は生理的リズムが不安定で、機嫌の悪いことが多い。また、環境の変化に順応しにくい。ウォームアップが遅い子は環境の変化に順応するのに時間がか

4.　パーソナリティ形成

47

かるという特徴がある。トマスとチェスが分類した乳児の特徴の違いは生得的なものであり、つまり、気質の差といえるものである。これらの気質の差（扱いやすい子か、扱いにくい子かなど）はその後のパーソナリティの特徴を直接的に予測するものではないが、感情反応の強さや活動性といった乳児の気質は子どもに対する養育者の関わり方に影響を与えるものである。親子関係や家族関係はパーソナリティの形成に影響を与える環境要因の１つと考えられるので、生得的な気質の差はパーソナリティの形成に間接的に影響していると考えられる。

3. エリクソンの発達段階

パーソナリティの基盤となる要素の１つとして自我がある。自我とは私たちの思考や感情、行動をコントロールする心のはたらきであり、エリクソン（Erikson, E. H.）によると、自我は乳児期から老年期にかけて８つの段階を経て発達することが示されている。それぞれの発達段階には達成するべき発達課題がある。なかでも児童期（小学生）における劣等感の回避や青年期（中学生～高校生）におけるアイデンティティ（自我同一性）[14]の獲得はパーソナリティー形成に重要な役割を果たす（第３章図3-1参照）。

5. パーソナリティと感情

1. 基 本 感 情

パーソナリティは状況の変化にかかわらず、ある程度の一貫性があり、個人を特徴づける行動様式であることを第１節で示した。この個人を特徴づける行動様式に影響を与える要因の１つに「感情[15]」がある。宇宙戦争を題材にした映画『スタートレック』には、感情的になりやすい主人公とたびたび対立する冷徹なスポックというキャラクターが登場する。スポックは「感情がなければ、暴力の動機も生まれない」といい、感情は不要な要素であると主張する。この台詞は感情が私たちの行動選択に影響する要因であることを端的に表しており、興味深い。

私たちが経験する感情は実にさまざまであるが、文化や習慣の違いを超えて誰もが経験する感情（基本感情[16]）の存在が示されている。プルチック（Plutchik, R.）は、感情は私たちが生存するために必要な行動を引き出すものであり、喜び・受容・恐れ・驚き・悲しみ・嫌悪・怒り・予期の８つの基本感情があることを示した。また、これら８つの基本感情が混ざりあって、より複雑な感情（混合感情）が生まれることも説明できる。たとえば、喜び・受容・予期・恐れから生まれる混合感情である「不安」は私たちが日常生活のなかでしばしば経験し、行動の選択に強く影響する感情である。不安はビッグファイブの１つである「情緒不安定性」ともかかわりが深い。

2. ポジティブ感情とネガティブ感情

　私たちが経験するさまざまな感情は特定の刺激に対する接近行動（実行）を引き出すポジティブ感情と、回避行動（中止）を引き出すネガティブ感情に大別することができる。喜びは代表的なポジティブ感情であり、不安や恐怖は代表的なネガティブ感情である。

　ネガティブ感情の1つである「不安」は私たちの行動に強い影響を与える。不安には恐怖と類似した生理反応（血圧や心拍の上昇）と心理的反応（緊張）が伴う。このような心身の変化は私たちのストレスの原因になるため、不安の原因となる特定の刺激に対する極端な回避行動が生じる場合がある。たとえば、普段の授業には問題なく参加しても、テストの当日になるといつも体調不良を訴える児童生徒がいる。これはテスト不安と呼ばれるもので、テストに対する強い不安に対処するための極端な回避行動のかたちである。このように強い不安を継続して経験することは、日常生活に支障をきたすような行動を引き出す一因となる。

　喜びに代表されるポジティブ感情が私たちの心身の健康に重要な役割を果たすことも示されている。フレドリクソン（Fredrickson, B. L.）はポジティブ感情の効果を次のように説明している。ポジティブ感情を経験すると、勉強や友人とのかかわりといった日常生活上の経験が自分にとって望ましいものになり、視野や興味関心が広がる（広がり：創造的思考の向上）。創造的思考の向上によって新しい能力やソーシャルサポートを獲得すると、健康を害するような問題が発生してもそれに対処することができる（生み出し：個人資産の獲得）ため、健康な状態を維持することができる。このようなフレドリクソンが示したポジティブ感情が健康を促進するモデルは広がりと生み出し理論（Fredrickson, 2013）と呼ばれる。広がりと生み出し理論に従うと、ポジティブ感情を継続的に経験することは個人の成長と発達を促す要因になるといえる。

（田中　未央）

【引 用 文 献】

フロイト，A., 外林大作（訳）(1958).　自我と防衛　誠信書房

Fredrickson, B. L. (2013). Positive emotions broaden and build. In P. Devine, & A. Plant (Ed.), *Advance in Experimental Social Psychology*, Vol. 47. (1 - 53). Burlington: Academic Press.

島　義弘 (2017).　パーソナリティと感情の心理学　サイエンス社

用 語 解 説

(1) 気質：個人が示す情動反応の特徴である。外界の刺激に対する感受性や反応の強さに関する個人差を説明する概念であり、パーソナリティの基盤を成す特性である。気質の違いから個人差を説明しようとするアプローチを気質論といい、体液とパーソナリティの関連を示した四気質説や体格とパーソ

ナリティの関連を示したクレッチマーの類型論がある。

(2) **性格**：個人を特徴づける持続的で一貫した行動様式である。ギリシャ語で「刻みつけられたもの」を意味する言葉が語源であり、個人の特性のなかでもより基礎的で固定的な部分を指す。人格と同義で使用されることもある。

(3) **人格（パーソナリティ）**：人間の行動（言語、思考、感情など）に一貫性を与える個人の特徴である。行動の一貫性とは、時間の経過や状況の変化に左右されないことを意味する。ギリシャ語で「仮面」を意味するペルソナが語源であり、環境との相互作用によって変化する行動様式を指す。

(4) **類型論**：一定の原理に基づいて典型的なパーソナリティを設定し、それによって多様なパーソナリティを分類して理解しようとするアプローチである。各類型に典型的なパーソナリティは一定の理論的背景に基づいて構成されているので、パーソナリティの全体像を把握しやすいが、中間型や移行型が無視されやすく、パーソナリティを固定的にとらえやすいリスクもある。

(5) **クレッチマー（Kretchmer, E.）**：ドイツの精神医学者で『医学的心理学』や『体格と性格』を著した。クレッチマーは精神病患者の体格を肥満型、細長型、闘士型に分類し、躁うつ病患者には肥満型が、統合失調症患者には細長型の体格が多いことを見出した。そこで、クレッチマーの類型論では肥満型のパーソナリティを躁うつ気質、細長型のパーソナリティを分裂気質と名づけた。

(6) **ユング（Jung, C. G.）**：スイスの精神医学者で、フロイトの下で無意識について学び、のちに無意識に関する独自の見解に基づいて分析心理学の理論を構築した。ユングは無意識を重視した精神力動学的な観点に基づいた類型論を展開した。ユングの類型論では、外界への興味関心が強いタイプを外向型、内面への興味関心が強いタイプを内向型と分類した。

(7) **特性論**：パーソナリティの特徴のなかで一貫して出現する行動傾向（特性）をパーソナリティ構成の単位と見なし、各特性の組み合わせによって個人のパーソナリティを記述しようとするアプローチである。特性論では、個人間のパーソナリティの相違は程度の差であり、質的な差ではないと考えている。

(8) **ビッグファイブ**：アメリカの心理学者ゴールドバーグ（Goldberg, L.）によって提唱されたパーソナリティの個人差を測るための主要な5因子を指す。5つの因子は外向性、神経症傾向または情緒不安定性、調和性、誠実性、開放性である。

(9) **性格検査**：個人のパーソナリティの特徴を把握することを目的とした心理検査である。検査の実施方法によって個別検査と集団検査に分類される。また、検査内容に応じて質問紙法、投影法、作業検査法に分類することができる。

(10) **質問紙法**：あらかじめ設定した性格特性に関する質問を対象者に提示し、回答させて分析する方法である。簡便で比較的短時間で実施できるが、対象者が嘘の回答をすると正しい結果が得られないというリスクもある。代表的な質問紙法性格検査として、YG性格検査（矢田部ギルフォード性格検査）などがあげられる。

(11) **投影法**：あいまいな刺激を提示して、その刺激に対する対象者の反応を記録して分類し、パーソナリティの特徴を解釈する方法である。対象者が意識していない内面の特徴まで把握できるが、検査者に熟練したスキルを要する点が短所である。代表的な投影法性格検査として、ロールシャッハテストなどがあげられる。

(12) **作業検査法**：パーソナリティの特徴が表れやすい単純な作業課題を対象者に与え、その作業結果からパーソナリティを評価する方法である。対象者が作業を実施する際の緊張や興奮、慣れなどがパーソナリティの特徴を反映するという前提に基づいている。代表的な作業検査法性格検査として内田ク

レペリン精神検査があげられる。

(13) バウムテスト：コッホ（Koch, K.）によって始められた描画を用いた性格検査である。白い紙に鉛筆で「実のなる樹木」を1本描かせ、描かれた樹木の特徴（たとえば、幹や葉の状態など）からパーソナリティーや心理状態を分析する。難しい作業が不要なため、対象者への負担が少なく、言語表出に困難を抱える子ども（たとえば、緘黙児）にも実施することができる。

(14) 自我同一性（アイデンティティ）：「自分は何者なのか」「自分の存在意義は何か」といった自己に関する問いかけに対する回答を指す。確信的で肯定的な回答を得られた状態をアイデンティティの確立という。エリクソンの人格発達理論では、アイデンティティの確立は青年期における発達課題であり、健全な人格形成を促すために重要だとされている。

(15) 感情：ある刺激に対する反応であり、認知（刺激に対する評価）・主観的経験（意識される感情の状態）・表出行動（表情や回避行動など）・生理反応（血圧の変化や発汗など）の4要素で構成される。感情はその状態によって情動と気分に分類される。情動は生起した原因が明確で覚醒の度合いが強く、持続時間の短い感情である。一方、気分は生起した原因が漠然としており、覚醒の度合いは弱く、持続時間の長い感情である。

(16) 基本感情：生命の維持や種の保存に必要な特定の反応と結びついた感情を指す。基本感情の種類については多くの理論が存在するが、感情と表情の結びつきに注目したエクマン（Ekman, P.）は、喜び・悲しみ・驚き・怒り・恐怖・嫌悪という6つの基本感情と、それぞれの感情に特有の表情が存在することを提唱している。

適応・不適応

1. 適 応 と は

適応という用語は、いろいろな意味で用いられる。生物学的には、自身の機能や構造が環境に即して変化することで生き延びやすくなることをいう。心理学的には、生活環境や対人関係も含む生活状況の変化に応じて心が安定した状態で生活できるようになることをいう。なお、医学分野では、薬や治療方法の効果が期待できる疾患や状態を適応と呼ぶ（この薬の適応は気管支喘息であるなど）。このほか、コンピュータ科学分野で用いられる意味もあるが、本項では主に心理的適応について述べる。

2. ス ト レ ス

1. ストレッサーとストレス

英語の stress にはさまざまな意味があるが、身体面や精神面への刺激に対して生じている状態としてのストレスは、力学や工学領域で用いられている応力（stress）から派生して用いられるようになったとされる。応力とは、物体に外力が加わった時、その物体のなかに生じる力で、外力に対抗して元に戻ろうとする力のことである。

現在、人においては、ストレスとは、なんらかの刺激や事態により心身の状態がそれまでの状態から変化していることを意味する用語として使用されることが多い。なお、ストレスには、望ましくない状態だけでなく、個人にとっては喜ばしいことであっても、心身の状態あるいは生活状況に変化が生じている状態全般も含まれる。ストレスを引き起こすきっかけとなった刺激や事態をストレッサーと呼ぶが、ストレッサーとストレスを合わせた意味で「ストレス」という用語が使われることも少なくない。

2. ト ラ ウ マ

ストレスと関連した用語にトラウマ（心的外傷）がある。トラウマとは、人の存在に強い衝撃を与える出来事をいい、具体的には、身体や生命の危険を感じる出来事、著しい恐怖感や喪失感を感じる出来事、安全感が破壊され失われる出来事、圧倒され著しい無力感や孤立感を感じる出来事などのことである。自分が直接に体験した出来事でなく、目撃な

どの間接的な体験もトラウマとなりうる。トラウマには、Ⅰ型とⅡ型の2つのタイプがある。Ⅰ型トラウマは、急性単回性トラウマであり、通常は、予測できずに突然起こる1回だけの出来事である。災害、事故、犯罪被害などが該当する。Ⅱ型トラウマは、慢性反復性トラウマで、長期間にわたりくり返される出来事で、子ども虐待やいじめが該当する。Ⅱ型トラウマは、予測できるにもかかわらず避けられないことが多く、Ⅰ型トラウマよりも心理的な影響力は大きい。ストレッサーとトラウマは同じではなく、ストレッサーのなかで人の心身に著しく強い衝撃を与える望ましくない出来事がトラウマとなる。

3. 葛藤とフラストレーション

　ストレスが通常は外部からのストレッサーにより生じる心の不安定さであるのに対して、自身の欲求が複数の選択肢のどちらも選べずに悩む状況を葛藤（コンフリクト）と呼ぶ。同時に選択することができない複数の選択肢がある状況で、判断が困難なためにどれも選択できずに悩み困っている状況といえる。レヴィン（Lewin, K.）は、次のような3種類の葛藤を提唱している。一つ目は接近 - 接近型と呼ばれ、お昼ご飯にラーメンとカレーのどちらも食べたいが両方は食べられないなど、どちらも魅力的だが両方は選べずに悩んでいるような状況のことである。二つ目は回避 - 回避型で、学校に行きたくないが、休んで怒られるのも嫌だなと、どちらも避けたいが、両方を同時に避けることが困難なためにどうしてよいかわからなくなっているような状況のことである。三つ目は接近 - 回避型といわれ、部活は楽しくてやりたいが、学校に行って勉強するのは嫌だなど、自分にとって望ましい選択肢を選ぶためには避けたい選択肢も選ばざるをえないために迷ってしまう状況のことである。

　葛藤が解決されないままでいると、自身がやりたい（避けたいことも含めて）と思っていることが進まないため、イライラや八つ当たりなど攻撃的な状態（フラストレーション・欲求不満）が生じることがある。

3. 適応に向けての反応

　心身の状態の変化が生じているストレス状況においては、変化を安定させようとする反応が生じる。反応には、身体的な反応と心理的な反応がある。心理的な反応は、変化に対する心理的な対処行動ということもできる。

1. 身体的反応

ストレスに対する身体反応は、アメリカの生理学者キャノン（Cannon, W.B.）とカナダの生理学者セリエ（Selye, H.）により最初に提唱された。

　キャノンは、イヌを目の前にしたネコの血液中にアドレナリン[1]が大量に存在し、交感

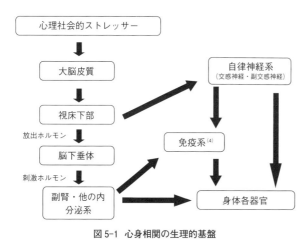

図5-1 心身相関の生理的基盤

神経系が興奮した状態が生じることを示した。こうした危機的状況に対する反応は、緊急反応あるいは闘争／逃走（fight or flight）反応と呼ばれる。彼は、生体には生命維持のために自律神経系[2]や内分泌系[3]が働いて身体の状態を一定に保とうとする性質があると述べ、そうした性質に対して恒常性（ホメオスタシス）という用語を提唱した。

一方、セリエは、心身相関のメカニズムを説明する最初の学説と考えられるストレス学説を提唱した。彼は、ストレス状況では、主として副腎皮質ホルモン[5]の影響により身体にさまざまな反応が生じるとした。

心と身体の関係（心身相関）について、キャノンは主として自律神経系（交感神経）の視点から、セリエは主として内分泌系の視点から、それぞれ述べたといえるであろう。キャノンが述べた経路は視床下部[6]－交感神経－副腎[7]髄質軸（sympathetic-adrenal-medullary axis: SAM軸）、セリエが述べた経路は視床下部－脳下垂体[8]－副腎皮質軸（hypothamic-pituitry-adrenal axis: HPA軸）と呼ばれている。その概要を図5-1に示す。心理状態により身体機能が変調をきたし、心身症などが発症する機序もこの経路によって説明される。

なお、ストレスに対して心身がさまざまに反応することはストレス反応と呼ばれてきたが、最近はアロスタシス反応と呼ばれるようにもなってきている。アロスタシス（動的適応能）とは、恒常性の維持のために生体の機能を変化させることをいう。アロスタシスにより、身体が変化する前の状態に戻って安定する場合もあれば、変化した状態に適応して安定する場合もある。アロスタシスによる適応ができない場合、身体機能に変調（アロスタティック負荷と呼ばれる）を生じ、状況によっては病的状態が生じることになる。アロスタシスの用語は、現在では、身体反応だけでなく心理的反応の説明としても使われるようになってきている。

2. 心理的反応（防衛機制・適応規制）

心の安定が乱される状況が一定期間続く時、心理的安定感を維持しようとする心理的反応が生じる。心理的反応は、意識的に行われる場合と自分でも気づかずに（無意識的に）行われる場合がある。

意識的な心理的反応あるいは対処行動には二つの場合がある。一つは、失敗した事態を謝り問題を鎮静化する、自分に対する非難を解消しようと相手に働きかけるなど、具体的な対処行動として行われるものである。他の一つは、不遇な状態に対してこれは試練の時

期だから今のままやっていけばよいのだと考えるなど、自身の状況に対する視点を変える認知的な対処行動として行われるものである。どちらにしても、自分に生じている事態を解決しようと取り組む状況が該当する。

　無意識的な心理的反応は、心理的に耐えがたい状況に対して、心の不安定さを軽減し自己を守るために、自身で意識することなく行われる心理的な対処行動である。自己を防衛するためのこうした無意識的な対処行動は、防衛機制と呼ばれ、フロイト（Freud, S.）が提唱し、その後、彼の娘であるアンナ・フロイト（Freud, A. 1895-1982）が発展させた概念である。なお、防衛機制とほぼ同じ意味で、適応機制という用語が使われることがある。適応機制は、葛藤や不満がある状況において、その原因や出来事に直接対処することなく心の安定を図ろうとする心の動き全般を意味する用語であり、厳密にいうならば防衛機制とまったく同じ概念ではない。適応機制の用語が防衛機制と分けて述べられる場合、その適応機制には、防衛機制（抑圧、合理化、同一化、投影、補償、代償、取り入れ、反動形成、昇華など）、逃避機制（逃避、白昼夢、退行など）、攻撃機制（攻撃）の３つの種類があるとされる。適応機制に含まれる心理的対処行動のうちで、自己防衛的な意味あいの強いものが防衛機制として分けられる。しかし、逃避機制も攻撃機制も自己防衛的な要素を含んでおり、これら３種類の適応機制を厳密に区別することは、あまり意味がないともいえるであろう。本書では、これら３種類を区別せずすべて防衛機制として主なものを表5-1に示す。

　一般的な防衛は、いろいろな状況で生じるが、転移と逆転移は何かをしてあげる・してもらうという人間関係のなかで生じる。代表的なものは、治療者と患者という治療関係であるが、教師と児童生徒の関係でも生じることがある。とくに、逆転移について教師は注意しなければならない。自分に好意的な生徒に対して恋愛感情をもつ、教師の指導や注意を聞かない児童生徒に厳しいことがらを要求するなどである。逆転移感情は、そのことが本当の自分の気持ちではなく防衛機制であることに自分だけでは気づかないことがあるので、同僚や上司に意見を求めるなどの配慮が必要である。

表 5-1　主な防衛機制

---

1. 一般的な防衛
（1）否　　認
　自分で認めたくない現実に起こっている状況や、不快な体験を無意識的になかったことにしてしまおうとするもの。野球部の部員が明らかに調子が落ちているのに、調子は悪くないと言って試合に出ることを顧問に願い出るなど、状況の現実自体を否認する場合と、調子が少し悪いのは寝不足だったためで仮眠をとったので大丈夫など、状況の現実は認めるが重大性は否認する場合とがある。後者の場合は、合理化を伴っている。なお、目の前の状況はわかっているがそれを認めないという点で、目の前の状況自体を意識にあがらないようにしている抑圧と異なる。

（2）抑　　圧
　耐えられない心理的苦痛やかなえられない欲求を無意識的に抑え込み、意識にあがらせない（忘れる）ようにしていること。苦手な教科の宿題を毎日忘れ、忘れていることを指摘されても思い出せないなど。なお、悲しい気持ちを抑え込んで笑顔をつくるなど、意識的に気持ちや欲求を押さえ込もうとするこ

とは抑制と呼ばれる。抑圧は、そうした自分の気持ちの動きに本人が気がついていないが、抑制はわかってやっていることになる。

(3) 退　　行
　不安や耐えられない状況に対して、自分よりも幼い子どもが行うような行動をとること。いわゆる赤ちゃん返りで、小学生が幼児語を使う、母親にべったり甘えてくるなど。

(4) 反 動 形 成
　自分では認めたくない自身の不適切な気持ち（怒り、憎しみなど）や自分では望ましくないと感じる欲求（人から認められたいという承認欲求など）と反対の行動を行ってしまうこと。前者の例としては、自分が人を嫌っているという気持ちを認めると自分の嫌な部分に気づいてしまい嫌な気分になるため、嫌いという気持ちを押し殺し（抑圧し）、本当は嫌いと感じている人に対して逆に馴れ馴れしい態度をとるなど。後者の例としては、先生や友人に感心な人と思われたい気持ちを抑圧して、学校のトイレの掃除を進んでやっている状況を褒められても、「掃除当番としてやっているだけです」と淡々と応じるなど。

(5) 打 ち 消 し
　不安や罪悪感を感じることを行ったり考えたりした後、反対の行動を行ったり、同じ行動をくり返したりすることで不安や罪悪感を打ち消そうとするもの。前者の例としては、教師がある子どもを強く怒ってしまった後にクラスの全員に普段よりも優しく接するなどであり、後者の例としては、部活の試合でエラーした子どもが、試合後に一人で練習を過剰なほどにくり返し行うなどである。自身の一次的な行為が先にありそのために生じた不適切な感情への対処である点で、不適切な感情が先にある（自身の行為によって生じたのではない）反動形成とは異なる。

(6) 合 理 化
　自分の欲求がかなえられない状況において、理屈をつけて自身を納得させる、あるいは、自分の正当化を図ること。前者の例としては、サッカーの試合に負けた子どもが、芝の具合が悪くボールがうまく転がらなかったよなと言うなど。後者の例としては、学校のテストの成績がよくなかった子どもが、自分より点数が低い人がクラスに何人もいると言うなど。言い訳の一種ともいえる。

(7) 知 性 化
　嫌なことがらに対して、気持ちを切り離し、淡々と他人事のように対処すること。失敗をして謝罪をする時に、失敗の事実とその原因を客観的に冷静に説明し謝罪の言葉も淡々と話すなど。自分にとって嫌な出来事を正しく認識している点で、合理化とは異なる。

(8) 投　　影
　自分では認めたくない自身の不適切な気持ち（怒り、憎しみなど）をほかの人がそうした気持ちをもっていると思い込むことで、自分でよくないと感じている自身の不適切な気持ちを抑圧するもの。自分が嫌っている人に対して、あの人が私のことを嫌っているのだと思うなど。反動形成と対をなす。投射とも呼ばれる。投影の反対が取り入れである。

(9) 取り入れ（摂取）
　相手の気持ちや考えを自分のものとして感じたり、好ましいと感じている特徴をまねした行動をすること。自分を好きだと言ってくれている人を好きになる、好きなアイドルと同じ髪型をするなど。相手のすべてではなく、自分がよいと感じる部分だけをまねる点で、同一化とは異なる。一方、同一化は、取り入れから発展するので、取り入れは同一化の前段階ともいえる。

(10) 同 一 化
　自分が理想とする人の服装、話し方、行動、生活スタイル、好きな物など、理想とする人のすべてをまねした生活を送ることで、自分が理想とする人と同じになると感じようとするもの。理想とするスポーツ選手のようになりたいと努力するなど、同一化は、子どもの成長において一定の教育的効果をもつ。一方、防衛機制としては、自分が密かに感じている劣等感や不安などを軽減できる。なお、その人の感じていることや考えを自分のことのように感じている状態を同一視という。理想とするアイドルが、ファンから大好きな花をもらい、とてもうれしかったと言っていたと、あたかもその人から聞いてきたように周囲にも話すなどである。

(11) 逃　　避
　嫌なことがらや困難な状況あるいはかなえられない願望に直面している時、あるいは、直面することが避けられない時に、その現実から逃れようとするもの。次のような種類がある。嫌なことを直接

避ける（練習の厳しい部活動をさぼるなど）、緊急性のないほかのことに没頭する（試験が近づいてくると本を読みたくなり読書に没頭するなど）、空想の世界に没頭する（白昼夢・白日夢、奇跡が生じて学校でトップの成績となり、周囲から賞賛されることを夢想するなど）、身体不調で現実を避ける（仮病や実際の体調不良など）など。逃避は、問題の先延ばしにすぎないことが多い。

（12）置 き 換 え

自分の気持ちを、その気持ちが向かう本来の対象に向けることができず、その気持ちが満たされやすいほかのものに向けること。学校で先生に怒られた子どもが家庭で暴れるなどのいわゆる八つ当たり的な場合と、友人がいない子どもが飼っている犬を溺愛するなどのいわゆる妥協的な場合がある。置き換えでは、不満があり、その解消のために対象を変更するのが特徴であり、この点で代償と異なる。代償は、やりたい欲求があり、その欲求を満たすために欲求の対象ではなく目標を変更する点が特徴である。ピアノを習いたかったができなかった親が、子どもにピアノを習わせるなどである。

（13）補　　　償

自分が苦手なことがらへの劣等感を、得意な分野でのがんばりと成績向上による優越感で補おうとすること。勉強が苦手な子どもが、得意な運動で活躍し周囲から賞賛されることで、勉強への劣等意識を軽減するなど。

（14）代　　　償

自分がやりたいことや目標の実現が難しい時、自分がある程度満足感が得られるそのほかのことがらを行ったり物を買ったりして、あるいは、同じような満足感が得られるほかの目標に変えることで、不満を解消しようとすること。前者の例としては、アイドルのコンサートに行きたいが時間とお金がなく、そのアイドルの CD を買って聞いてがまんすることで、行けない不満を軽減するなど。後者の例としては、希望する学校への進学が学力的に難しい時に、やりたい部活があり合格圏のほかの学校へ進学先を変えるなど。自分の苦手さに対する劣等感がない点で、補償とは異なる。

（15）昇　　　華

社会的に認められない欲求（性的欲求や攻撃性など）を社会的に受け入れられることがら（スポーツや芸術など）に転換して満たしたり、発散したりしていくこと。元の欲求を直接的に発散できる対象に向かう場合（攻撃欲求をボクシングなどの攻撃的なスポーツに打ち込むことで発散するなど）と、元の欲求とは異なる対象に向かって自身の評価を高めることで元の欲求がかなえられなかった不満を解消しようとする場合（失恋した子どもが、勉強に熱心に取り組み成績上位を目指すなど）がある。欲求が社会的に問題とされる内容である点、また、代わりに目指すものが社会的に評価されることがらである点において、代償と異なる。

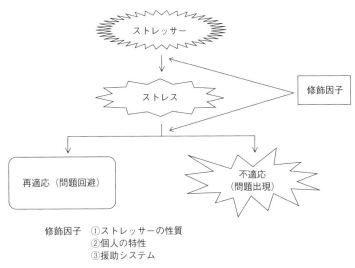

修飾因子　①ストレッサーの性質
　　　　　②個人の特性
　　　　　③援助システム

図 5-2　ストレスへの適応過程（Rabkin, 1976 を参照して作成）

4. 適応と不適応

1. 適応の過程

　ストレス状況がある時の適応の過程を図5-2に示す。ストレッサーがあった場合、必ずなんらかのストレスが生じる。生じるストレスの状態は、ストレッサーが加わった時にその小児に関連していた修飾因子により左右される。修飾因子とは、ストレッサーに対する個人の受けとめ方や感じ方（perception or sensitivity）に影響を与えるものである。それらは、①ストレッサー自体の特徴、②個人の生物的・心理的特性、③その個人がもつ援助システム[9]の状況、から成り立っている。さらに、こうして生じたストレスに再び修飾因子が関係する。そして、問題回避に働く修飾因子と問題増強に働く修飾因子との相互関係により、再適応して安定化するか、再適応に失敗し心身症発症や心理・行動面の問題が出現する（不適応）かのどちらかに分かれることになる。

　ところで、適応・不適応が修飾因子で左右されるということは、逆に考えるならば、不適応が生じてしまった時も、修飾因子に介入することで不適応状態を改善することができることを意味する。ただし、ストレッサーは、すでに生じてしまっている過去の出来事であることが多く、不適応が生じている状況では、ストレッサー自体に介入することは不可能であることがほとんどである。したがって、不適応状況への対応に関しては、個人と援助システムへの介入を中心に考えることが現実的となる。なお、ストレッサーが持続している場合には、ストレッサーへの介入も不可欠となることは当然のことである。いじめがその代表的な例である。

2. 身体的適応反応の破綻

　アロスタティック負荷が生じ、身体の抵抗力が耐えられない時、疲労や身体疾患が生じることがある。疲労は、心身の休養が必要なことを教えてくれる自覚的な体験であり、休養をとらないと心身の機能が破綻するという信号でもあり、恒常性維持の機能をもつといえる。身体疾患としては、いわゆる生活習慣病[10]が代表的なものである。

　望ましくないストレッサーは、心身症とも関係する。心身症は、「身体疾患のうち、その発症と経過に心理社会的因子が密接に関与し、器質的ないし機能的障害の認められる病態を呈するもの。ただし、神経症[11]、うつ病などの精神障害に伴う身体症状は除外される。」と定義されている。基本的には、「心身症」という特定の疾患は存在せず、ある身体疾患があった場合、その治療に関して心理社会的要因を考慮する必要がある場合、その疾患は「心身症」としてとらえられることになる。たとえば、気管支喘息があり、喘息発作を起こした時に、喘息の治療薬による身体的治療のみで発作が改善し、しかも、発作の反復もない場合、この気管支喘息は身体疾患としてとらえられることになる。一方、同じよ

うに喘息発作があり、発作は薬物療法により改善するが、薬物の増量や変更によっても発作の反復を抑えられず、いじめの事実が判明した後、いじめ状況への介入により、薬物の変更がないままに発作の反復がなくなった場合、この気管支喘息は心身症ととらえられることになる、ということである。児童生徒でも認められる心身症としては、起立性調節障害[12]、過敏性腸症候群[13]、筋収縮性頭痛[14]などがある。

3. 心理的適応反応の破綻

心理的な適応反応が適切に機能しない場合、心理的不適応が生じる。心理的不適応は、子どもでは問題行動として生じやすく、その場合、外在化問題行動と内在化問題行動の2つの形で表面化する。ストレッサーがトラウマの性質をもっている場合は、心的外傷およびストレス因関連障害を生じることもある。

(1) 外在化問題行動と内在化問題行動

アメリカの精神科医アッヘンバッハ（Achenbach, T. M.）は、子どもの問題の評価尺度を開発するとともに、問題行動を外在化（externalizing）問題行動と、内在化（internalizing）問題行動に分けることを提唱した。外在化問題行動とは、多動、注意転動性、かんしゃく、攻撃的言動、非行など、周囲を困惑させる結果を生じるような言動をいう。内在化問題行動は、身体愁訴、不安[15]、恐怖、抑うつ[16]、引きこもりなど、不安定な心理状態やそうした心理状態から生じる内向きの言動をいう。

(2) 適 応 障 害

トラウマや強い陰性ストレッサーの体験により生じた心身の不安定な状態を総称して心的外傷およびストレス因関連障害と呼ぶ。代表的な疾患は、適応障害、急性ストレス障害、心的外傷後ストレス障害（posttraumatic stress disorder: PTSD）の3つである。これらのなかで学校現場で比較的多いものが、適応障害である。

適応障害は、ストレス状況を背景として社会的機能の障害を生じている状態を中心とするものである。社会生活の障害を生じるストレス状況は、社会生活に関連するストレッサーによって引き起こされることが多い。子どもにおける社会的ストレッサーとしては、友人や教師との関係破綻、部活動や学業の負担などが代表的なものであり、なかでもいじめが最大のストレッサーである。子どもの社会的機能の障害では、学校生活や集団活動の破綻状態（不登校や部活動不参加など）がみられることが多い。

適応障害でみられる問題は、情緒面、行動面、身体面の問題に分けられる。情緒面の問題としては、不安と抑うつ気分が中心である。行動面の問題は、外在化問題行動として反抗的あるいは乱暴な言動や非行などが、内在化問題行動として遅刻・早退、欠席・不登校、ひきこもりなどがみられる。身体面の問題としては腹痛、頭痛、気分不快、倦怠感などがみられる。遅刻・早退・欠席が多い子どもで、これらの問題がみられる場合、適応障害を生じていないか注意することが大切である。

適応障害は、早期では、ストレス状況を改善するだけで、特別の専門的な対応を行わなくても改善することが多いのが特徴である。したがって、いじめがある場合、何よりもいじめをなくすることに全力を注ぐことが、いじめ被害を受けて適応障害を生じている子どもにとってもっとも有効な対応方法となる。さらに、適応障害の子どもにしてはいけないことは、子どもを励まし、がんばらせてストレスを乗り越えさせようとする対応である。がんばっても対処しきれなかったから適応障害を生じてしまったのであり、そうした子どもを激励することは、たとえ善意からのものであっても、子どもを精神的に追い込み、状態を悪化させることが多い。教師は子どもを激励しがちであるので、注意が必要である。

　急性ストレス障害とPTSDの症状は、基本的には、ほとんど同じである。それらは、侵入（トラウマ記憶のよみがえり、フラッシュバックなど）、回避（トラウマと関連することがらやトラウマを思い出させることがらを避けるなど）、気分の変容（意欲減退、何をしても楽しくないなど）、認知の変容（被害者なのに自分が悪いと思ってしまう、自分の将来は終わってしまったなど根拠のない思い込みなど）、覚醒・反応性の変容（過度の警戒心、驚愕、集中困難など）、解離（トラウマのことを思い出せない（健忘）など）などである。これらの症状が、トラウマ体験から1ヵ月以内に落ち着いてしまうものを急性ストレス障害、1ヵ月以上続くものをPTSDという。子どもが、もともと大きな心の問題を抱えていない場合、災害や事故、犯罪被害などの突発的なトラウマ体験（Ⅰ型トラウマ）で生じるのは、ほとんどが急性ストレス障害である。ただし、心が健康であっても、いじめや虐待、ハラスメントなどの長期間くり返し起こるトラウマ体験（Ⅱ型トラウマ）ではPTSDを生じることは珍しくない。急性ストレス障害は、日常生活の回復と日常的な思いやりある言葉かけで、改善することが多い。一方、PTSDは、専門的な治療が必要となることが多い。子どもの不安定な状態が、1ヵ月以上持続している場合には、専門機関へ紹介するのがよいであろう。

表 5-2　急性ストレス障害の概要

1.　特　　　徴 　トラウマ体験から4週間以内に症状が出現し、症状は3日以上1ヵ月以内に落ち着くもの
2.　症　　　状 （1）侵　　　入[17] 　トラウマの苦痛な記憶の反復、フラッシュバックなど （2）陰 性 気 分 　楽しめない、愛情などの陽性感情を感じないなど （3）解　　　離[18] 　健忘、離人感など （4）回　　　避 　トラウマと関連することがらやトラウマを思い出させることがらを避けるなど （5）覚醒・反応性の変容 　過度の警戒心、驚愕、集中困難など

表 5-3　適応障害の概要

1．特　　　徴 　ストレス体験から 3 ヵ月以内に社会的機能の障害を中心とする症状が出現し、ストレス状況がなくなれば症状は自然に 6 ヵ月以内に改善するもの **2．子どもで見られやすい症状** 　**(1) 社会機能の障害** 　　遅刻、早退、欠席（不登校）、怠学、部活動への不参加など 　**(2) 身 体 症 状** 　　頭痛、腹痛、気分不快、睡眠障害など 　**(3) 情緒の問題** 　　不安：心配、過敏、焦燥感、集中困難、分離不安など 　　抑うつ：気分の落ち込み、涙もろさ、活動性低下、絶望感など 　**(4) 素行の問題** 　　乱暴、暴力、非行、社会的規範無視など

表 5-4　心的外傷後ストレス障害の概要

1．特　　　徴 　トラウマ体験から 6 ヵ月以内に症状が出現、症状が 1 ヵ月以上続くもの。急性ストレス障害に引き続き発症することもある。 **2．症　　　状** 　**(1) 侵　　　入** 　　トラウマの苦痛な記憶の反復、フラッシュバックなど 　**(2) 回　　　避** 　　トラウマと関連することがらやトラウマを思い出させることがらを避けるなど 　**(3) 認知・気分の変容** 　　不合理な自責感、意欲の減退、健忘（解離）など 　**(4) 覚醒・反応性の変容** 　　過度の警戒心、驚愕、集中困難など

（宮本　信也）

【引 用 文 献】

宮本信也（2018）．ストレスと身体　日本小児心身医学会（編）初学者のための小児心身医学テキスト　南光堂

日本心身医学会教育研修委員会（1991）．心身医学の新しい診療指針　心身医学, *31*, 537-576.

Rabkin, J. G. (1976). Struening EL: Life events, stress, and illness. *Science, 194*, 1013-1020.

用 語 解 説

(1) **アドレナリン**：興奮した際に副腎髄質から分泌されるホルモンである。エピネフリンとも呼ばれる。交感神経が活動した時と同じ作用をもち、脈拍亢進、血圧上昇、血糖値上昇などを生じる。身体のストレス反応において中心となるホルモンである。アドレナリンは、日本人である高峰譲吉と上中啓三が、1900 年に発見したことでも知られている。

(2)　**自律神経系**：身体各器官（内臓）と血管を調節している神経系である。意図的にコントロールすることができず、身体の状態に応じて自動的に活動することから自律の名称がある。交感神経と副交感神経の2種類がある。前者は、身体のエネルギーを消費する調節を行い、身体の活動を活発にすることが多い。後者は、身体にエネルギーを貯える調節を行い、身体の活動を抑制するはたらきが主である。

(3)　**内分泌系**：ホルモンを合成、分泌する器官の総称。ホルモンは、身体内部（血液中）に分泌されるため内分泌と呼ばれる。ちなみに、汗など身体の外に分泌する器官は外分泌器官と呼ばれる。ホルモンは、主として血液で運ばれ、身体の各器官のはたらきを調節する物質のことで、通常、特定のホルモンが特定の器官を調節する。

(4)　**免疫系**：病原菌や有害物質などの異物（自分の身体以外のもの）から身体を守るシステムである。血液中の白血球が中心となる。身体に入ってきた異物を無条件に排除する段階（自然免疫）と、一度侵入した異物に対してその異物を破壊する物質（抗体）を産生し、2度目に同じ異物が侵入した時に働く段階（獲得免疫）がある。

(5)　**副腎皮質ホルモン**：副腎皮質からは糖質コルチコイドや鉱質コルチコイドなど複数のホルモンが分泌されるが、そうしたホルモンの総称である。血圧上昇、血糖値上昇、物質の代謝、炎症（免疫反応）の抑制など身体のはたらきを広く調節する作用をもち、身体にストレスが加わった時にも分泌される。糖質コルチコイドは、ステロイド剤としてさまざまな疾患の治療に広く用いられている。

(6)　**視床下部**：左右の大脳半球に挟まれている間脳の一部で、自律神経系の中枢である。また、下垂体から分泌される各種ホルモンの分泌を調節するホルモンも分泌する。自律神経とホルモンの2つを介して身体機能を広く調節する中枢といえる。

(7)　**副腎**：腎臓の上に帽子のように接している内分泌器官である。表層の副腎皮質と内部の副腎髄質の構造となっており、前者からは副腎皮質ホルモン、後者からはアドレナリンやノルアドレナリンが、それぞれ分泌される。

(8)　**脳下垂体**：視床下部の下から突き出して存在する内分泌器官である。身体の各内分泌器官からのホルモン分泌を調節するホルモンと特定の器官に作用する独自の機能をもつホルモンの2種類のホルモンが分泌される。日中と夜間あるいは一定期間（2週間など）ごとの分泌量が異なるなど、周期性の分泌を示すホルモンが多い。

(9)　**援助システム**：その人をサポートしてくれる人とのつながりのことである。自分が困った時に、相談に乗ってくれたり、手助けをしてくれたり、慰めてくれたりする人がいる場合と、いない場合とでは、生じるストレス状況が大きく異なることになる。心理的不適応状態への対応は、援助システムの再構築による部分が大きい。

(10)　**生活習慣病**：食習慣、運動習慣、休養、喫煙、飲酒等の生活習慣が、その発症・進行に関与する疾患群の総称である。肥満、高血圧、動脈硬化、糖尿病、虚血性心疾患（狭心症・心筋梗塞）、脳血管障害（脳梗塞・脳出血）、がんなど、日本人の死因と関連する多くの疾患が含まれる。これらの疾患は、40代以上に多いことから、以前は成人病と呼ばれていたが、若い人でも発症すること、生活習慣の改善によって一定の予防ができることなどから、1996年から生活習慣病と呼ばれるようになった。

(11)　**神経症**：心理的要因（心因）を背景としてさまざまな精神症状を示す精神障害である。個人のなかに病気の原因（内因）があると考えられていた精神障害（統合失調症やうつ病など）や、脳腫瘍などの心の外である身体疾患が原因（外因）となって精神症状を示す精神障害と区別する意味で、かつて使われていた用語である。現在は、医療の診断名としては使われないが、ストレス状況や本人のもって生まれた特徴（緊張しやすいなど）を背景とした精神的に不安定な状態を説明する用語として、便宜的

に用いられることがある。神経症の症状には、不安、うつ気分、イライラ感（易刺激性）、気分の動揺などいろいろあるが、不安が中心である。なお、現在は、不安症、病気不安症など、症状を中心とした診断名が用いられる。

(12) **起立性調節障害**：起立時、とくに、いきなり立ち上がった時に、血圧が低下したり、脈拍数が変動することで身体の不調を生じるもの。立ちくらみ、気分不快、長時間の起立で失神、朝起き不良、動悸、入浴時の気分不快などを生じる。いわゆる自律神経失調症の一種で、起立性低血圧が中心である。

(13) **過敏性腸症候群**：不安や緊張感により、腸管の動き（蠕動運動）のバランスが崩れるもの。くり返す腹痛、腹痛時の便意、排便による腹痛軽減、残便感、下痢と便秘のくり返しなどを生じる。便意を生じるため、学校で排便することへの心理的抵抗感から予期不安が生じ、欠席がちとなることもある。

(14) **筋収縮性頭痛**：側頭部、後頭部、項部の締めつけられるような頭痛。項部から頭にかけての筋肉の緊張が持続し、血管が圧迫され、血液の流れが不良になることで生じる。ストレス状況や長時間の不自然な姿勢や運転、疲労などが背景となっていることが多い。

(15) **不安**：おそれの感情である。心配事がある時に誰でも感じる不安と症状としての不安がある。後者は、心配やおそれの対象がない漠然としたおそれの感情が中心である。特定の対象に対する強いおそれの感情は、恐怖と呼び不安と分けられる（高所恐怖など）。また、突然生じる強いおそれの感情はパニック（恐慌）と呼ばれる。

(16) **抑うつ**：理由もなく気分が沈んでいる状態である。何をしても楽しく感じられず、意欲も低下する。自己否定的な考えや自責感も生じやすい。うつ状態では、ぐっすり寝られないという熟眠障害、食欲低下、体重減少など、身体症状を伴うことが多い。

(17) **侵入**：急性ストレス障害や心的外傷後ストレス障害におけるトラウマ記憶と不安・恐怖感の再現は、以前は再体験と呼ばれていた。しかし、こうした状態は、自分が思い出したくなくても頭に浮かんでしまうのが特徴であり、トラウマ記憶が侵入してくるという意味あいで表現が変更されたものである。

(18) **解離**：自分の心と身体のコントロールが自己から離れてしまっている状態である。耐えがたい心理的苦痛に直面することを避ける、一種の防衛機制である。複数の人格（解離性同一症）、自分の体験や自分に関することがらを思い出せない（解離性健忘）、自己の身体や行動が自分から離れている感覚（離人感）、活き活きとした現実感が感じられない（現実感消失）などがみられる。

Chapter 6

認　　　知

1. 認 知 過 程

　本章では、児童生徒が未来の社会で活躍するために、学校で育成する学力とそれを支える認知過程について述べる。ここで、学力は、①知識・技能と、②それを活用して問題を解決したり、推論したり、意思決定するための思考力（考える力）や判断力、そして、その結果を伝えるための表現力、③主体的に取り組むための態度に支えられている（楠見, 2018）。

　認知過程は3つのシステムに分かれる【QR6-1】。入力システムでは、学校内外での経験や情報を分析し、中央システムではその情報を知識として保持し、出力システムでは、話したり、書いたりして、知識を取り出す。こうしたシステムは、新しい知識を学習し、思考して、自分の考えを人に伝えることを支えている。ここでは、一度に処理できる容量などの限界（たとえば、マジカルナンバー7[(1)]）があり、それを制約[(2)]という。

　メタ認知とは、これらのシステムの上位にある、自分の認知過程に関する認知である。メタ認知は、自分の認知過程がうまくいっているかをモニターして、コントロールするためのメタ認知的技能（覚えるために、何度も頭のなかでくり返すリハーサルなど）とそのためのメタ認知的知識（覚え方や学習の仕方などの方略知識、課題の種類などの課題知識、自分の能力などの自分に関する知識）に分かれる。メタ認知の機能は、目標や状況、自分の制約された資源に基づいて、プランニングを行い、モニターしながら効率的情報処理を行うことにある。たとえば、テスト勉強では、目標を定めて、自分のおかれた状況を認識し、自分の現在の知識状態をふまえて、テストまでのあいだにどのような勉強をするかのプランを立てる。そして、毎日自分の勉強の進み具合をチェックして、必要であれば、プランを修正することが大切である。

2. 知　　　識

1. 知識の表象

　思考する（考える）時に、人は、外部の環境（世界）の情報を入力して、中央系において、情報を心的表象に変換して、操作する。この心的表象は、頭のなかで思い浮かべた情報で

【QR6-1】

あり、次の３つのタイプがあり、相互に変換できる【QR6-2】。①命題的表象は、言語や数字に対応するシンボル列である（たとえば、暗算をする時に、数字を思い浮かべて計算する）。②イメージ的表象は映像的な表象で、展開図を組み立ててどのような立体ができるかを頭の中でイメージする時などに使われる。③メンタルモデル[(3)]は、外部環境の構造を模した表象である。電子機器の操作がスムーズにできるのは、どのボタンを押すとどんな状態になるのかをメンタルモデルに基づいて考えることができるためである。

2. 知識と概念

　知識や技能（スキル）は、経験からの学習によって長期記憶に保存される。こうした記憶は、生涯を通じて獲得され、その記憶容量に限界はない。長期記憶は大きく宣言的記憶（言語で内容を意識的に想起し説明できる記憶）と手続き的記憶（運動技能や掃除の仕方など経験をくり返して獲得した記憶）に分かれる。新しい知識や技能は既有の知識と関連づけて獲得され構造化される。したがって、既有知識が増大するほど、あらたな情報の獲得、理解は容易になる。さらに、類似した既有知識を利用して、あらたな問題に適用する類推[(4)]などの高次の問題解決が可能になる。

　概念[(5)]とは、学校の内外で学ぶ知識の構成要素である。概念は、宣言的記憶のうちの意味記憶[(6)]として蓄えられている。概念は相互につながりをもった構造がある。階層構造には、上位－下位（クラス包含）関係や空間関係がある。上位－下位概念水準の中間には、（獲得、記憶、伝達等が容易な）基礎水準概念がある。上位概念の特徴を下位概念に継承することは、知識の容量を節約している（例：（哺乳類である）クジラは胎生である）。空間関係には、位置的包摂関係（例：ジャマイカは中米にある）と部分－全体関係（例：錐体は網膜にある）がある。そのほかの関係には、時間関係（例：巣作りのあと産卵する）、因果関係（例：ウイルスによってエイズは感染する）、機能的関係（例：維束管は水や養分を運ぶ）、理論的関係（例：トリの鳴き声は配偶相手選択に関わる）などがある。こうした概念を含む知識のまとまりがスキーマ[(7)]である。とくに、時系列構造をもつ出来事のスキーマをスクリプトという。スキーマは、情報の読み取り（読解）や推論、知識としての貯蔵、取り出しを支える役割を果たしている。

　児童生徒が日常生活から経験的に形成した素朴概念は誤っていることがある。それは、学校で知識を学んでも修正されにくいことがあり、誤概念という（例：地面は平らだという経験から、地球は平らな形をしていると考える）。学校の授業では、学習者が日常生活で形成した誤概念を考慮した上で、観察や実験や、さらに、理論的な説明を通して、矛盾に気づかせて、科学的な概念に修正することが大切である。

【QR6-2】

3. 問 題 解 決

1. 問題解決のプロセス

　問題解決とは、①初期状態（問題に直面した現在の事態）から、②目標状態（問題が解決され
た事態）に、③操作子（オペレータ）によって状態を変換する思考過程である。ここで、④
解決に至る道筋を制限する条件を制約という。これら4要素についての心的表象を問題表
象という。4要素が明確に定義された問題を良定義問題（well-defined problem）、定義されて
いない問題を不良定義問題（ill-defined problem）という。たとえば、算数や数学の問題は、
4要素が明確に定義された良定義問題である。一方、進路決定において、何も考えていな
い状態（初期状態）から、良い会社に入る（目標状態）という問題は、目標状態、利用可能
な操作子、制約が明確でない。日常生活では、こうした不良定義問題が多い。こうした問
題を解く、有効な発見的方法であるヒューリスティック[8]の一つが手段―目標分析[9]である。

　問題解決プロセスは、①問題理解による問題表象（例：メンタルモデル）の形成、②プラン
ニング、③実行、④実行や解が適切かどうかをモニターすることである。

　問題解決においては、問題表象の再体制化に基づく洞察[10]によって解が導かれること
がある。これは連続的な問題解決においては、構え[11]というこれまで成功した方略を変
更すること、道具を使う問題解決においては、道具の本来の機能（用途）に基づく固着（機
能的固着）から解放されることなどによって起こる。また、問題解決において、過去の類
似した経験を有効に活用するのが第2節で述べた類推である。

2. 試行錯誤による問題解決

　問題解決は、20世紀前半には、人間や動物の行動観察に基づいて研究が進められてきた。
米国の心理学者ソーンダイク（Thorndike, E. L.）は、空腹のネコを問題箱というすぐに出
られない檻に閉じ込めて、レバーやひもを動かして、脱出する試行を反復観察した。ネコ
は脱出するためのさまざまな反応をして、偶然にある反応（例：レバー操作）をして扉を開
けることができた。ソーンダイクはこれを試行錯誤による問題解決と呼んだ。そして次の
2つの法則で説明した。第1は、効果の法則であり、問題解決に効果がある反応（レバー操
作）と刺激事態（問題箱）の連合が強められることである。第2は、練習の法則であり、あ
る刺激事態で同じ反応を反復することによって、同じ刺激事態ではその反応が起こりやす
くなることである。これは刺激反応（S-R）連合主義の心理学の基礎となる考え方である。

4. 推　　論

1. 推論の種類

　推論とは、利用可能な情報（前提や証拠）から、規則、過去事例やメンタルモデルに基づいて、結論や新しい情報を導く思考過程である。推論は、演繹[12]と帰納[13]に区別されてきた。演繹は、複数の前提を正しいと仮定した時に、必ず論理的に正しい結論を導く推論である。一方、帰納は、既知の前提や事実から不確かさを伴う結論を導く推論である。日常の推論では、2つの推論は相互作用しながら行われることがある。日常の推論は、談話や外界の理解や意思決定において働く。それは、談話の構造と内容に依拠している。たとえば、「地区大会ではA校が優勝する（結論）。なぜなら選手たちの調子がよいから（前提）」は、結論とそれを支持する理由や根拠（前提）からなる。ここでは、前提が結論を支持する適切な根拠をもち、矛盾しないことが大切である。そして、既有知識や文脈が、結論の評価に影響する。

　教科における推論は、内容に即した適切な規則と知識を選択・検索することが重要である（第2節で述べたように、日常的経験を想起すると誤概念に結びつくことがある）。たとえば、物理学の初学者は、物体を表現する質的なメンタルモデルに基づいて推論するのに対し、熟達者（専門家）は、抽象的関係（例：数式等）を表現するメンタルモデルを構築してメンタルシミュレーションによって量的推論ができる。すなわち、学校教育は、教科の領域知識や推論の規則を児童生徒に教えることによって、日常的知識や推論規則を、科学的なものに修正することを目指している。さらに、第6節で述べる批判的思考力の教育では、日常的な問題に科学的な知識や規則を適用する訓練を取り入れている。

2. 推論能力の育成

　児童生徒の推論能力の発達は、知覚的な手がかりによる連想・連合に基づく直観的推論から、抽象的な規則や原理に基づく推論に発達する。これは、領域普遍的な技能・知識と（教科の）領域固有の知識の獲得に依存している。

　推論能力の育成においては、形式的推理を支える知能の発達が、可能な課題遂行の上限を定め、経験・知識や、課題の表面的情報や文脈情報が成績を左右している。一方、利用する情報・知識や規則の選択は、第1節で述べたメタ認知（メタ推論）がコントロールしている。メタ認知の発達は、文脈や状況に応じて、事例、知識や形式的推論を利用したり、真理表などを作成して、遂行を適切にコントロールできるようにする。このように、実際に人が用いる推論にはレベルがあり、具体性の高い領域依存的推論から、抽象的な形式論的推論がある。具体的な領域知識に基づく推論は、認知的負荷が小さく、強力で効率がよいが、適用範囲は狭い。一方、形式的推論は、適応範囲が広いが、認知的負荷が大きいた

め、利用されないこともある。すなわち、人は、発達に伴い、認知的負荷を軽減しつつ、目標や状況において適切な結論や情報を導くように、適切な推論のレベルを選択し、実行している。

5. 意 思 決 定

1. 意思決定のステップ

　意思決定とは、選択肢（代替案）群から良い選択を行うことを目標とする思考過程である。意思決定は、個人的決定と集団決定の大きく2つに分かれる。個人的決定には、自分の進路決定[14]などがある。集団決定には、ホームルームで生徒が文化祭の出し物を決めることなどがある。

　意思決定は5つのステップに分けることができる。第1は、課題を同定することである（たとえば、卒業後の進路決定をする）。第2は、情報の収集をする（例：候補となる学校の情報を集める）。第3は、選択肢を立案する。ここでは現実的な選択肢（例：志望校）を網羅することが大切である。第4は、選択肢を検討し評価する。これは決定によって起こる結果の確率や効用を評価することである（例：合格可能性と入学できた場合の望ましさ[効用]に基づいて総合評価を求めて、選択肢間の比較をする）。第5は、選択肢から基準に基づいて選択（決定）する（例：進学先を決める）。

　主な選択の基準としては以下のものがある。①期待効用（確率と効用の積）最大化、②リスク最小化（損失の確率と損害の大きさがもっとも小さい選択肢を選ぶ）、③後悔[15]最小化（後悔が小さい決定をするように、行動するあるいは現状維持（行動しない）する）、④満足化（アパートの部屋探しのように、多数の選択肢が1つずつ出現する時に、あらかじめ適切な要求水準を設定し、その水準を上回る満足できる選択肢に出会った時に、探索を停止して決定する）、⑤多重制約充足（制約条件を満たすような決定をする。たとえば、進学先を選ぶ時は、関心、学力、通学距離、学費などの制約を考慮に入れて決める。制約が多い時には、「決める」のではなくて、自然に「決まる」こともある）（楠見, 2016）。

　意思決定を支える知識には、問題に関する領域固有の知識（進路決定ならば、職業や上級学校に関する知識）と、領域普遍な知識（意思決定の方法）がある。一方、技能には、情報収集や代替案を評価する技能、第4節の推論や第6節の批判的思考などに関わる技能がある。

2. 判断のヒューリスティックと認知的不協和

　判断とは、対象について評価することである。たとえば、面接評価によって合否を決める、候補者の主張を評価して、誰に投票するかを決めることなどがある。これは、意思決定の基礎となる過程である。正確な判断は、規準や規則、計算手順（アルゴリズム）に基づ

いて行われる。しかし、人は判断を経験則や発見的方法であるヒューリスティックや情報の流暢性に基づいて直観的に行うことがある。それらは迅速な判断を支えているが、時には、系統的なエラー、すなわちバイアスを引き起こす。ここで、流暢性とは、人が情報処理のしやすさ（たとえば、字の読みやすさ、きれいさ、プレゼンテーションのうまさ）を手がかりにして、ポジティブな評価（例：理解しやすい）をし、それがより重要な価値判断（能力や信頼性の評価など）に置き換えられることである。また、ハロー効果[16]も同様の直観的な判断に結びつく。流暢性やハロー効果による影響は、自動的、無意識的に行う判断に影響し続けるため、自覚しにくいが、面接評価などの時には、そうしたバイアスが生じることを自覚しておくことが重要である。

　また、人は複数の対象への認知（判断、信念）のあいだに矛盾（不協和）が生じると不快に感じ、それを解消しようとして、認知を変えることがある。これを認知的不協和理論と呼び、米国の社会心理学者フェスティンガー（Festinger, L.）が提唱した理論である。たとえば、「クラスにいじめがあった」という認知と「クラスにいじめがあってはいけない」という信念は矛盾するため、「クラスにあったのはいじめではなかった」と判断を変える。あるいは、「クラスにいじめがあるのはしかたがない」と信念を変えることである。

3.　意思決定能力の育成

　児童生徒の意思決定能力やその基礎となる判断力の育成を目指すことは、科学教育、進路指導にとどまらず、良き市民としての教育にもなる。科学−技術−社会（STS）教育では、エネルギーや環境問題、生命技術問題などの課題を設定し、情報の収集、代替案の設定と評価などを通して、意思決定能力の育成を目指している。

　そのほか、意思決定の指導としては、ロールプレイ、シミュレーションゲームなどがある。支援ツールとしては、功罪表（プラスの側面とマイナスの側面を箇条書きして比較する【QR6-3】）や、決定木（決定の時間的流れを分岐点で示し、予想される複数の結果を評価、【QR6-4】）などがある。コンピュータによる意思決定支援システムは、決定問題を構造化したりグラフィカルに表示することによって、目標分析を助ける。さらに、必要な情報（選択肢や属性情報など）を利用しやすい形で提供し、選択肢を準備し、効用を評価する。ここで、確率や効用の計算を行うことによって、シミュレーションや反復修正を可能にする。

6.　批判的思考

1.　直観的思考と批判的思考の二重システム

　人の思考は、直観と推論（批判的思考）という2つの並列的に働くシステムとして考えることができる（図6-1）。システム1は、直観的思考であり、認知的努力なしに、いつも働

【QR6-3】　　　　【QR6-4】

批判的思考（システム2）
認知的努力必要、遅い処理
推論、論理・分析的、熟慮・内省的思考
意識的にバイアスを修正する

直観的思考（システム1）
認知的努力不要、自動的で速い処理
ヒューリスティック、暗黙知、経験則の利用
無意識的に優れた解決を導く、
経験から獲得され、多くの場合有効だが、
バイアスが生じることもある

図6-1　直観的思考と批判的思考（楠見. 2010 を修正）

いている素早い全体的な判断である。ヒューリスティックによる判断はその一例である。システム2は、批判的思考（クリティカルシンキング）に対応し、意識的なモニターができ、システム1の直観的判断をチェックし、バイアスがある場合に修正をする（カーネマン. 2012）。バイアスの修正には、そのほかに、メタ認知的知識や技能、規範的規則へのアクセス可能性が高いことが重要である。

　ここで、批判的思考とは、(a) 推論の規準に従う、論理的で偏りのない思考であり、(b) 自分の推論過程を意識的に吟味する省察的な思考、(c) とくに、（メディア、人の話などの）情報に接したり、議論をしたり、自分の考えを述べたりする時に、何を信じ、主張し、行動するかの決定を支えている汎用的技能[17]である。したがって、"相手を批判する"思考という狭い意味ではない（楠見. 2010）。

2. 批判的思考のプロセス

　批判的思考のプロセスとしては以下の4つのステップが考えられる【QR6-5】。第1は、明確化であり、問題や仮説、論証の構造、定義、前提などについて、問いを出して吟味し、議論の土台を明らかにすることである。第2は、基盤となる情報源の信頼性について、専門家によるものか？異なる情報源間で一致しているか？確立した手続きをとっているか？などの問いを出して、データの質を評価することである。第3は、第3節で述べた推論であり、演繹、帰納、価値判断などを行うことである。第4の段階は、これらの思考の結果に基づいて発言したり行動を決定したりするとともに、これらのプロセスをメタ認知的にモニターすることが重要である。とくに、批判的思考の実行は、認知的負荷がかかるため、目標や状況において適切な結論や情報を導くように、メタ認知によって、批判的思考の実行をするかどうかを判断し、実行する場合には利用する情報・知識や規則の選択を行っている。

　こうした、批判的思考の実行には、上記のプロセスを支える能力や技能だけではなく、批判的思考態度の育成が重要である。具体的には、①論理的思考過程の自覚（自分の論理的な思考のステップに注意を向け実行しようとする）、②探究心（さまざまな情報や知識を求め、異なる考えに耳を傾け理解しようとする）、③客観性（主観にとらわれず、多面的で偏りのない判断をしようとする）、④証拠の重視（信頼できる情報源を求め、事実や証拠に基づいて判断しようとする）、そして、⑤熟慮（省察[18]）的態度などがある。熟慮的態度とは衝動的ではなく、まんべんなく情報収集し、時間をかけて慎重に考える態度である（楠見. 2010）。

（楠見　孝）

【QR6-5】

【引用文献】

カーネマン，D. (2012). ファスト & スロー：あなたの意思はどのように決まるか？（上・下） 早川書房

楠見 孝（編）(2010). 思考と言語（現代認知心理学 3） 北大路書房

楠見 孝 (2016). 問題解決と意思決定 子安増生・楠見 孝・齊藤 智・野村理朗（編） 教育認知心理学の展望（pp.111-123） ナカニシヤ出版

楠見 孝 (2018). 学力と汎用的な能力の育成 楠見 孝（編）教育心理学 教職教養講座 第 8 巻 協同出版

用語解説

(1) **マジカルナンバー 7**：アメリカの心理学者ミラー（Miller, G. A., 1920-2012）が提唱した、人が一度に処理できる情報の限界を示す言葉。7 ± 2 チャンク（意味のまとまり）が限界とされる。ばらばらの数字や項目を覚える時は、7 つ程度が限界である。これは、作業記憶（短期記憶）の容量と対応する。

(2) **制約**：人が情報処理をする時には、処理容量、知識、時間などの制約がある。学習者のもつ生得的・認知的な制約と既有知識の制約が、学習や問題解決のしやすさに影響する。

(3) **メンタルモデル**：外界の対象や状況（例：物の配置、人工物、組織）、物理学や数学などの問題（例：電気回路）、三段論法、談話などの構成要素の関係・構造に基づく心的表象である。心的操作や心的シミュレーションによる推論や予測、問題解決を可能にする。知覚的性質と抽象的性質をもちうる。

(4) **類推**（アナロジー）：未知の問題解決において、既知の類似経験を利用する認知活動。そのプロセスは、①問題（ターゲット）を解決するために、過去の類似経験（ベース）を想起する。②ベースからターゲットへの対応づけ（写像）によって、両者の特徴や構造を結びつける。③対応づけた結果を評価する。④両者に共通する関係やルールなどを帰納して抽象的知識を獲得・学習する。

(5) **概念**：一組の事物、事象やカテゴリーについての心的表象であり、知識の構成要素である。それは対象やカテゴリー、語彙に関する情報からなる。

(6) **意味記憶**：カナダの心理学者タルビング（Tulving, E., 1927-）は、長期記憶を①時間や場所が特定できる自分自身の出来事の記憶であるエピソード記憶（例：九九は○○小学校で 2 年生の時に習った）と、②特定の場所が関わらない普遍的な知識の記憶である意味記憶（例：九九の乗算）に分けた。

(7) **スキーマ**：一般化された知識のまとまり。具体から抽象まで、文字・事物から行為、概念まで、異なる抽象水準の情報に関して形成されている。上位のスキーマ（例：学校）には下位のスキーマ（例：授業）が埋め込まれている。スキーマには、定数と変数がある（例：ある学校の「授業」のスキーマにおいて、定数は 50 分の時間、変数は科目や担当教員である）。

(8) **ヒューリスティック**：問題解決、判断、意思決定を行う際に、情報処理能力や知識、時間の制約のもとで、効率的な手段によって素早く近似的な答えを発見する解決法である。規範的でシステマティックな計算手順（アルゴリズム）とは異なり、必ず正答を導く保証はなく、系統的バイアスを導くことがある。

(9) **手段－目標分析**：問題解決のためのヒューリスティックの 1 つである。そのプロセスは、①目標に到達するための手段を調べる、②手段を使うための状態を調べる、③ ②の状態を下位目標とする、④ ①に戻る──である。人工知能の分野では、あらゆる問題を解くことができる一般的問題解決プログラム（GPS：general problem solver）において用いられている。

(10) 洞察：問題解決において、問題の性質の深い理解やヒントによって、誤った前提（制約条件）を棄却したり、あらたな手段を発見したりして、問題のあらたな解釈、再体制化を行い、解決が導かれること。難問が突然、明快に解決されると感情的反応であるアハー体験を伴う。ゲシュタルト心理学者クーラー（Köhler, W.）は、チンパンジーの道具使用等において洞察を示す行動を見出した。

(11) 構え（set）：過去の成功経験の反復によって身につけた方略を自動的に適用する準備状態。迅速な処理ができることもあれば、固定的反応によって、状況に応じた柔軟な反応ができずに非効率的処理になることもある。たとえば、算数・数学において、ある解法で連続して解けると、後の課題においても同じ解法を使おうとする構えによって、別の解法に気づかないことがある。

(12) 演繹：論理学によって形式化されており、2つの前提から1つの結論を導く定言的三段論法は以下の形式をもつ。大前提：すべての人間は死ぬ、小前提：ソクラテスは人間である、結論：ゆえにソクラテスは死ぬ。ほかには、仮言的三段論法（もしAならばBである。Aである。∴Bである）、線形三段論法（PはQよりも大。QはRよりも大。∴PはRよりも大）などがある。

(13) 帰納：狭義には、事実から一般化を行う推論を指す。広義には、演繹的ではない、不確かさを伴う推論を指す。たとえば、概念形成や規則学習、仮説の生成と検証、確率推論、因果推論、科学的発見、診断などがある。演繹とは異なり、必ずしも正しい結論を導かない。前提や事実が正しいことは結論が正しい可能性を高めるが、それは確実ではない。

(14) 進路決定：進路決定においては、①生徒が自分自身の性格、能力、興味や関心を、心理検査などに基づいて理解する、②進路（進学先、就職先）を、オープンキャンパス、職業経験などを通して理解する、③自分と進路の適合（matching）を考えるという活動がある。さらに、将来の進路に結びつく機会や出会いなどを積極的に求め、成長に活かしていくことも大切である。

(15) 後悔：意思決定によって生じた悪い結果を、実現しなかった良い状況と対比させることにより生じるネガティブ感情。行動した後悔（〜をしなければよかった）は、恥や自己嫌悪を伴う熱い後悔で、行動の直後に起こりやすい。一方、行動しなかった後悔（〜をしていればよかった）は、感傷的で持続的抑鬱気分をもたらす後悔であり、人生のふり返りにおいて起こりやすい。

(16) ハロー（光背）効果：人物のある目立つ特徴（容姿など）の評価を、人物の全体的評価（例：能力、性格）にまで広げてしまう自動的で直観的な判断。なお、ピグマリオン（教師期待）効果は、教師による期待が、児童生徒の行動を、期待と合致する方向に導く効果である。前者は、教師による児童生徒を認知する際に生じるバイアスである。後者は、児童生徒が教師の期待に応えようとする行動である。

(17) 汎用的技能（ジェネリックスキル）：汎用性の高い技能のことであり、教科内外の学びや学問探究などの学校生活、卒業後の市民生活および職業生活において共通して必要な技能のこと。たとえば、思考技能、学習技能（学習方略、メタ認知など）、数量的技能や情報リテラシー、コミュニケーション、リーダーシップやチームワークの技能などがある。

(18) 省察（内省、ふり返り）：省察は2つの方向、①体験を解釈するふり返り的省察と、②未来に向けて可能性を検討する見通し的省察がある。さらに、行動のなかでの省察は行為をしているあいだに、状況をモニターし、行動を適切に調整することである。教員の仕事では、学校という複雑な状況において、省察しながら柔軟に対応する省察的実践が重要である。

hapter 7

学習理論と動機づけ

1. 学習の多様性

1. どこに焦点を当てるか

　学習という言葉を私たちは普段、どのような時に使っているだろうか。指導案で学習目標という表現が用いられる。この時の学習とは、教科の知識を得ることだけを指すだろうか。たとえば、体育科の指導案でマット運動の側転（側方倒立回転）が題材であるとする。児童生徒が側転をできるようになれば、側転を学習したと自然と表現するかもしれない。しかし、文脈を変えて考えてみると、おとなが趣味で側転ができるようになった時、側転を学習したと表現して不自然さを感じることはないだろうか。

　心理学的にはどちらの場合も学習である。ところが、授業で取り上げられる知識や技能の獲得を優先的に学習ととらえる人に出会うことがある。一方、日常場面で同じ失敗をくり返した際に、学習能力がないという表現を人は用いる。職場の慣習に身を染めることも、立ち回り方を学習したと表現する。人の学習のとらえ方は、文脈や場面、時間軸によって多様にある。

　また、側転の例を指導案の学習目標として考える上では、さらに細分化してとらえる必要もある。目指す基準に照らして側転できるようになる結果を重視するか、側転を成功させるための要素という知識を得ることを重視するか、側転を通して体を操ることの楽しさや大変さを味わう感覚の形成を重視するか、などである。人が学習をどうとらえるかは、その時の文脈だけでなく、経験から何に価値をおくかによっても異なる。したがって、教育を考えるにはまず、学習がどのようなプロセスを含むものなのかを理解することが大切である。

2. 「獲得」と「参加」の考え方

　教育心理学では、何をもって学習と呼ぶか、その学習のプロセスでは何が起こっているかをさまざまな観点から説明してきた。この学習プロセスを説明する理論は、以下の2つに大別することができる。個人に焦点を当てて知識や技能の「獲得」ととらえる考え方と、学習における環境や社会文化に目を向けて共同体のなかで特徴ある活動への「参加」ととらえる考え方である（Sfard, 1998）。

たとえば数学の学習を「獲得」とみる場合、数学は数学者によって発見、あるいは構成された知識の外在的な実態である構造・手続きと見立て、数学の学習はそれらを獲得したり再構成したりすることである。一方、数学の学習を「参加」とみる場合、数学は人の多くの行動様式の１つであり、歴史的に生成し変化し続けるものと考えられ、数学の学習は共同体のなかで数学者のように思考するようになることである。この２つの学習をとらえる枠組みは、研究と教授法のいずれに対しても異なる方向性を示してきたが、決して二者択一の存在でなく、現在も共存し補いあうものである。次節以降では、「獲得」から「参加」への研究の展開に沿いつつ、それぞれの代表的な学習理論について紹介する。

2. 連合理論

　他者が望ましい行動をとった時に褒め、望ましくない行動をとった時に叱るなど、他者の行動に対する賞罰によって次の行動を促すことを、人は無意識に行う。それはみずからが報酬を得たことで次もその行動をとりたいと思い、その行動をくり返すようになる経験があるからである。1900 年代前半に主流であった行動主義心理学では、このような人の客観的で観察可能な行動を研究対象とし、学習はある経験の結果として生じる、比較的永続的な行動の変化ととらえていた。この行動主義の学習理論は連合理論と呼ばれ、刺激（stimulus）に対する反応（response）の連合が学習の基本的な単位だという考えに基づいている。

1. 試行錯誤説

　人は新しい行動を選び取る時、何度も試してみることがある。ソーンダイク[1]（Thorndike, E. L.）は、学習を試行錯誤の経験を経て成立するものと考え、効果のあった行動が強められ、誤った行動は減少すると説明した。ソーンダイクは、箱の内部に特殊な仕掛けを施し、仕掛けにふれると扉が自動的に開くしくみの問題箱という実験装置を考案した。問題箱の外にエサを置いた状況で空腹のネコを箱に入れ、ネコが仕掛けにふれて箱の外へ出てエサを食べることを求めて実験を行った。はじめのうち、ネコは箱のなかで自由に動くが、偶然仕掛けにふれて外へ出る。そこで再びネコを箱に戻し、同様の実験をくり返すと、しだいにネコが箱に入れられてから仕掛けにふれて外へ出るまでの時間が短くなり、最後にはすぐに外へ出てエサを食べるようになった。学習の成立である。

2. レスポンデント条件づけ

　条件反射という言葉にはなじみがあるだろう。レモンを食べれば唾液が出るのは生得的反射であるが、レモンを見ただけで唾液が出るように、経験によって得られた条件下で一定の刺激に対して一定の反応が起こることもある。このような刺激に対する反応の連合を

条件反射と呼び、これを引き起こす手続きを条件づけと呼ぶ。

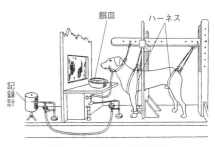

図7-1　パヴロフのイヌの実験

　本来無関係のはずの刺激を対提示する（同時に与える）ことで、あらたな刺激と反応の連合を生み出すこの現象はレスポンデント条件づけ[(2)]と呼ばれる。パヴロフ[(3)]（Pavlov, I. P.）が、イヌの唾液分泌の実験によって説明した。イヌにエサを与えれば唾液が出るが、エサを与える際には必ずメトロノームが鳴っている状況を作り出した。エサとメトロノームという刺激の対提示をくり返すと、イヌはしだいにメトロノームが鳴っただけで唾液を分泌するようになった。

　この学習メカニズムは唾液分泌に限らず人の恐怖感をも説明する。たとえば、授業中に発言するのが怖いのは、児童生徒の性格によるものだけでなく、発言したら笑われたとか、発言したのに取り上げられなかったとか本人にとって望ましくない経験の積み重ねによる条件づけが原因かもしれない。恐怖感などを生み出す環境が作り出されていないかを考えることは、予防したり、かわりに安心を引き寄せる刺激との対提示をくり返すことで恐怖感を消滅させたりする手がかりとなるだろう。

3.　オペラント条件づけ

　レスポンデント条件づけでは、学習者は刺激に対して常に受身の反応を形成することが前提となるのに対し、学習者みずからが望む結果を得るために自発的に行動を変容させる条件づけはオペラント条件づけ[(4)]と呼ばれる。自分の行動に対する報酬を直後に得ることで、その場面での同じ行動をより頻繁にとるようになる場合、その報酬を得たいという欲求が動因となって、その行動が報酬を得るための手段として自発的にくり返される。

　このメカニズムを説明したのは、スキナー[(5)]（Skinner, B. F.）である。スキナーは、ソーンダイクの問題箱を改良したスキナー箱を考案し、ネズミを用いて実験を行った。箱のなかには皿とレバーがあり、レバーを押すと皿にエサが出てくる仕掛けになっている。箱のなかに入れられた空腹のネズミは、はじめのうち、レバーを押すまでに時間がかかるが、しだいにレバーを押す間隔は短くなり、最後には連続してレバーを押すようになった。

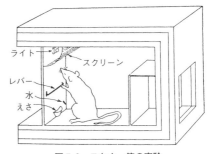

図7-2　スキナー箱の実験

　人にとっての報酬は褒美をもらうことや賞賛をあびることなどさまざまであるが、望ましい行動をした際に与える報酬がその行動を強化することは動機づけと呼ばれ、学習にとって影響力が大き

い。なお、人の行動を変化させるのは報酬に限らず、罰もまた同様に行動を強化するが、その効果は長く続かない上、学校現場では好ましいと言えない。

このように行動に対する直後の正誤情報の開示が学習者にとって重要である点をうまく利用した個に応じた学習法として、プログラム学習をスキナーは提唱した。あわせてスキナーが考察したティーチングマシンは、問題に対しイエス・ノーを回答した学習者に対して直後に正誤を知らせることで、学習を積み上げるしくみである（第8章第5節を参照）。

4. 観察による学習

また、人は直接経験していないことに対しても、他者の行動を観察することによって学習を成立させることがある。これは観察学習[6]と呼ばれ、バンデューラ（Bandura, A.）が幼児を対象とした一連の実験を通して明らかにした。幼児は4つのグループに分けられ、おとなのモデルがボボ人形（ビニール製の等身大の人形）に攻撃行動をする様子を、①現実に見る、②映像で見る、③漫画で見る、④見ないという異なる条件が与えられた。その後の遊び時間に、見た条件の幼児はいずれの3つの条件でも見なかった幼児に比べて攻撃行動を頻発し、その行動はモデルの動きを模倣したものだった。また、映像で見る場合に、攻撃行動をしたモデルが、①褒められる、②叱られる、③賞罰なしの異なる条件で映像を作ると、叱られる映像を見た幼児の攻撃行動が減少した。

攻撃行動に限らず、ほかの児童生徒が褒められるのを見て、真似をして同様の行動をとろうとする姿はよく見かける。自分も同様の報酬を得たいと感じ、その行動への動機づけが高まるのは、代理強化が働くためである。児童生徒が多く集まる学級のなかでは、直接働きかける相手に限らず学習が成立する観察学習の考え方は不可欠である。

3. 認 知 理 論

連合理論では、刺激と反応の連合という要素の積み重ねによって学習を説明するが、頭や心のなかのはたらきをとらえることはできない。人は問題に直面した時、その問題の全体的な構造や、問題の解決方法を考える。何かができるようになるなどの行動の変容ではなく、発見することやわかることといった認知の側面を重視した学習論が認知理論である（詳しくは第6章を参照）。

1. 洞察の成立による学習

条件づけは試行錯誤を経た偶然の刺激と反応の結合に基づくが、ある状況のなかで目標と手段の本質的な関係を理解して発見することもある。ドイツの心理学者のケーラー（Köhler, W.）は、チンパンジーの実験からこの現象を明らかにし、洞察学習[7]と呼んだ。

ケーラーは、ある部屋にチンパンジーを入れ、観察を行った。部屋の天井にはチンパン

ジーの手の届かない
高さにバナナを吊る
してあった。チンパ
ンジーは、しばらく
考えた後、突然、部
屋の隅にあった空き
箱を積み重ねて吊る
されていたバナナを
手に入れた。また、
別のチンパンジーは

図7-3　ケーラーの道具の利用の実験

長い竿を利用し、バナナをたたき落とすことで手に入れた。偶然の成功によらず、状況を
把握したひらめきによる学習の成立である。

2. 記憶と情報処理

　私たちはたとえば長時間の講義を受けると「頭がパンパンになった」という感覚をもつ。
このように、情報が人の頭のなかで処理されて記憶として蓄積されたり更新されたりする
という情報処理の考え方がある。

　情報処理アプローチとは、頭のなかに短期記憶[8]と長期記憶[9]という2つの貯蔵庫があ
り、知識は刺激として知覚されたものに関して短期記憶に一時的に保持され、復唱（リハ
ーサル）を経て長期記憶へと転送され、貯蔵・検索されると想定している。学習とは、注
意を向けた刺激から学ぼうとして情報を選び取り、頭のなかに知識として入れることだと
考えられる。

　ただし、情報の処理には水準があることもまた明らかである。長期記憶へ転送する際、
表層的な文字通りのリハーサルという浅い処理を行い、知識が何であるかわからないまま
脈絡もなく貯蔵された場合、必要な時に検索して知識を活用することは難しい。より深い
処理として、知識がもつ背景やほかの知識との関係性を考えたり、自身がすでにもってい
る知識（既有知識）と関連づけたりすることで、理解が促される。知識は構造化・精緻化
されて処理されることが重要とされている。

3. 認知過程への着目

　知識は完成された状態で頭のなかに入るのではなく、個人の頭のなかで統合され構築され
ていくという構成主義の考え方が、スイスの心理学者ピアジェ（Piaget, J.）に端を発し
て浸透してきた。科学的に正しいとは言えない誤概念のなかにも子どもなりの認識の発達
段階があることが見出されるようになり、学習を概念の変化ととらえる研究など、認知過
程を対象とする研究がさかんに行われ、子どもの示す誤りには教室や国を超えた一貫性が

みられることが明らかにされてきた。

4. コミュニティへの参加

　連合理論や認知理論は、個人的な営みとして学習をとらえる「獲得」メタファに基づく学習理論である。一方、近年では学習を社会から切り離して考えることのない「参加」メタファに基づく学習理論が登場している。

1. 社会文化的アプローチ

　文化的な環境のなかで成立する学習を共同体への参加としてとらえようとするのが社会文化的アプローチである。ただし、「参加」の考え方も個人に焦点を当てていることは注意すべき点で、ある行為が特定の状況での行為と見なされ、社会文化的な共同体の成員として個人がとらえられる。

　学習が社会的な水準で成立することを概念化したのが、ヴィゴツキー（Vygotsky, L. S.）である。ヴィゴツキーは言語や記号といった心理的道具[10]と思考の関係に着目し、人の行為は道具に媒介されていると主張した。人のことばはコミュニケーションの機能と思考の機能を兼ね備えているとし、学習は他者との精神間から個人の精神内へ向かう過程であるととらえた。たとえば、他者とのコミュニケーションで用いられた話しことばや書きことばは、やがて呟きやメモへ形を変え、個々の心のなかで用いられる思考のことばとなる。学習場面を想定した時、児童生徒と学習対象の関係だけを考えるのではなく、二者間を媒介することばや教材を意識した三者関係（児童生徒—道具—学習対象）を考えることが重要となる。

　ヴィゴツキーの媒介の考え方を拡張させたのがワーチ（Wertsch, J. V.）である。ワーチは道具の多様性を重視し、道具箱のアナロジーを用いて特定の場面でどの道具が使用されるかという観点を提示した。授業場面を考えると、たとえば、数学教師が分数を2つの数の比で表される数とみて話す一方で、ケーキを分けることとみて話す児童生徒がいるように、教室では異なる道具が用いられ、その調整が学習過程となる。したがって、多様なことばが飛び交う教室は多声的空間[11]である。個々の発話はその教室のその時の状況に応じてなされ、発話は授業内容の展開や人の関係性にも影響する。多声的空間として教室の相互作用をとらえる教室談話研究は、多様な価値観が響きあう教室の学習を明らかにする可能性をもつ。

道具（ことば）

児童生徒　　　　　学習対象

図7-4　道具による媒介

2. 状況的学習論

　同様に、学習が社会から孤立した個人のものではなく、環境や状況と切り離せないと考える状況的学習論がある。知識もまた状況のなかに存在しており、学習者はその知識をもとに成熟し、状況も変化すると考えられる。そのため、「状況に埋め込まれた学習」と呼ばれる。

　レイヴとウェンガー（Lave, J.& Wenger, E.）は、共同体のなかで与えられる役割に焦点を当て、徒弟制の学習を正統的周辺参加[12]という言葉で説明している。リベリアの仕立屋の事例によれば、新参者ははじめボタンつけなどの仕上げ作業が与えられ、縫う作業をくり返し、最後に裁断など重大な失敗の危険がある作業を任されるようになる。全生産工程を眺めることから始まり、徐々に熟練した技に注意を向け、共同体の一員として責任あることを任される十全な参加者となる過程が学習ととらえられている。

　学校や学級を実践の共同体と考えると、教師の学習や児童生徒の学習もそれぞれ職場や学問、学級などの共同体に参加することと考えられる。学校はさまざまな共同体が技や知識を分かちもち、個々が互いの役割を果たしながら熟達してアイデンティティを形成する場である。

5. 動 機 づ け

1. 学習意欲と動機づけ

　これまで学習のプロセスのとらえ方を整理してきたが、学習をいかに促すかも教育に携わる上で重要な観点である。私たちがなんらかの行為をする時、必ず関わるのがやる気である。たとえば、ある本を読む行為に対して「興味のある内容だから」と感じるか「先生に指示されたから」と感じるかという意味づけや価値づけによって、読む気持ちの強さや質は異なる。その差によってどれだけ深く読むか、または最後まで読み続けられるかが左右される。このように人の行為を引き起こし、方向づけて維持する心理現象は動機づけと呼ばれる。

　児童生徒の学習を促すためには、知的好奇心や興味から学習に取り組む意欲、それを継続する意欲、そして学校や学級で学びあおうと感じられる環境が大切であり、動機づけを理解する必要がある。以下では、欲求という心理的要素に焦点を当てた理論を紹介する。

2. 欲求階層論

　米国の心理学者マズロー（Maslow, A. H.）は人の動機づけに対し、欲求の種類を階層的に位置づける欲求階層論を提唱した。マズローによれば、欲求は「生理的欲求」「安全の

図7-5 欲求の階層 (Maslow, 1970 より作成)

欲求」「愛情と所属の欲求」「承認の欲求」「自己実現の欲求[13]」に分けられ、それらは下位層から順番に並び、低次の欲求が満たされると1つ高次の欲求が機能するしくみである。なかでも、最高次の「自己実現の欲求」は、パーソナリティの形成において自身の可能性を最大限に発揮しようとする成長動機づけとしてほか4つの基本的欲求と区別される。児童生徒の学習を促すには、個々の欲求がどこにあるか、究極には個々の自己実現の欲求が何であるかを意識しながらそれを満たせるよう働きかけることが重要となる。

3. 自己決定理論

ほかに、人から言われたからではなくみずから進んでする時に意欲が出ることがある。要するに自分の決定が自分の行動の原因になっているという自己決定[14]の感覚が人の意欲を高める。デシとライアンによれば、人は有能さへの欲求、関係性への欲求、自律性への欲求の3つをいずれももっており、これら3つが満たされた環境が自己の意欲的な形成を促す (Deci & Ryan, 2002)。したがって、自信につながり、他者と協働しながら、みずから選択や判断ができる学習の活動と環境を児童生徒に保障することが望まれる。

ただし、人ははじめから何でも自分で決めて行動を起こせるわけではない。自己決定は、外発的に仕方なくやる段階から、自己決定の段階へ向かって発達的に変化する (Ryan & Deci, 2000)。報酬や外的な要求によってコントロールされて行う段階 (外的調整)、外からの期待に応じて自分の価値を保つために行う段階 (取り入れ的調整)、自分にとって重要だと思うから行う段階 (同一化的調整)、自分の価値観がほかの価値や要求と完全に一致して行動する段階 (統合的調整) の4段階であり、最終的に内発的に動機づけられた状態となる。

4. 内発的動機づけと外発的動機づけ

デシとライアンがもっとも意欲が高まった状態として着目した、「楽しいからやる」という場合の心理現象は、内発的動機づけ[15]と呼ばれる。一方、「成功報酬がほしいからやる」「能力がないと思われたくないからやる」という場合の心理現象は、外発的動機づけ[16]

図7-6 自己決定の連続性 (Ryan & Deci, 2000 より作成)

Chapter 7 学習理論と動機づけ

と呼ばれる。教育者としては、内発的動機づけを促すのが目標となる。報酬は意欲を高めるが、両者の関係について、外的な報酬の期待が行動に対する内発的動機づけを低下させるアンダーマイニング効果[17]を引き起こす場合も確認されている。

　ただし、自己決定が発達的に変化することにも表れるように、外発的動機づけがいつでも悪影響を及ぼすというわけではない。児童生徒の状況にあわせ、何が行動を引き起こしているのか、行動を維持させるためには何が効果的かを意識しながら教授法を考えたり、学級の雰囲気を作ったりすることが求められる。

（山路　茜）

【引 用 文 献】

Bandura, A, Ross, D,& Ross, S. A. (1963). Imitation of film-mediated aggressive models. *Journal of Abnormal and Social Psychology, 66*(1), 3-11.

Maslow, A. H.（1970）. *Motivation and personality*. 2nd ed. Harper & Row.

Ryan, R. M.,& Deci, E. L.（2000）. Self-determination theory and the facilitation of intrinsic motivation, social development, and well-being. *American Psychologist, 55*, 68-78.

Sfard, A.（1998）. On two metaphors of learning and the dangers of choosing just one. *Educational Researcher, 27*(2), 4-13.

用 語 解 説

(1) ソーンダイク（Thorndike, E. L.）：アメリカの心理学者。観察可能な行動を心理学の研究対象とする行動主義をワトソン（Watson, J. B., 1878-1958）が確立し、ソーンダイクは刺激に対する反応を行動の単位として学習をとらえようとした。問題箱を用いたネコの実験から、学習は試行錯誤の経験を経て成立すると説明した。

(2) レスポンデント条件づけ：古典的条件づけともいう。無条件刺激と条件刺激を対提示することで、条件刺激と条件反応の連合を形成する。パヴロフの実験で、エサを食べる際にメトロノームの音が鳴る条件下に置かれ続けたイヌは、やがて音を聴いただけで唾液を分泌するようになった。この場合、無条件刺激がエサで条件刺激が音である。

(3) パヴロフ（Pavlov, I. P.）：ロシアの生理学者。人に生まれつき備わっている生得的反射と後天的に得られる条件反射を区別し、後者を学習として説明した。条件反射のしくみは、イヌの唾液分泌の実験を通して明らかにした。

(4) オペラント条件づけ：道具的条件づけともいう。学習者の自発的な行動の直後に、報酬を与えるなどして強化し、その場面での行動の生起頻度を高める。スキナーの実験で、箱の中の空腹のネズミは徐々にレバーを押す時間の間隔が短くなった。この場合、空腹が動因となり、エサの報酬によって行動が強化された。

(5) スキナー（Skinner, B. F.）：アメリカの心理学者。ソーンダイクの試行錯誤の考え方を基盤とし、問題箱を改良させたスキナー箱の実験を通して、条件反射が目的のための手段として用いられることを説明した。複雑な行動は単純な条件反射の積み重ねだと考える。

(6) 　観察学習：自分で直接経験しなくても、他者の行動を観察することで行動が変容すること。カナダの心理学者バンデュラ（Bandura, A.）によって明らかになった考え方である。なお、経験の有無にかかわらず、他者の行動の観察・模倣によって行動が変容することをモデリングという。

(7) 　洞察学習：ドイツの心理学者ケーラー（Köhler, W.）によって説明された考え方。刺激と反応の偶然的な連合によらず、ある問題場面に含まれる目標とそれを達成するための手段の関係を理解するという洞察（見通し）によって学習が成立することを、チンパンジーの実験を通して明らかにした。

(8) 　短期記憶：作業記憶とも呼ばれる。たとえば、授業中の先生の話をノートに書き取る時など、ごく短いあいだ、限られた容量の情報を保持する場所。覚えるべき対象をリハーサル（復唱）することで保持するが、リハーサルをやめると記憶に留まらない。主要な説では容量は 7 ± 2 項目。たとえばランダムな数字が順に示されると、直後に正確に答えられるのは平均 7 個である。

(9) 　長期記憶：たとえば小学校で習った九九を忘れないなど、理論的には無期限かつ無制限に情報を保持できる場所。短期記憶から転送された情報が貯蔵され、必要な時に検索される。情報が使用されない期間が長いと、情報を円滑に引き出すことは難しくなり、それは知識の剥落現象と呼ばれる。

(10) 　心理的道具：人の活動は道具によって媒介されている。人は道具のしくみや適用範囲に制約されながら、道具を生み出し作り変えて活動する。学習や発達を考える上で、ヴィゴツキーはとくに言語を重視し、「心理的道具」と呼んで物質的な道具と区別した。ワーチは道具の文化的側面に目を向けた。今では発話を道具と見なした教室談話研究が進んでいる。

(11) 　多声的空間：バフチン（Bakhtin, M. M.）の示した声という概念は、発話を生み出すものであり、人格と意識を含む。ワーチによれば、発話は発話者の声に加え、発話の宛て先の声も反映したものである。教室は、教師と児童生徒が本人の意志だけでなく、宛て先となる他者の視点や意志も取り込んで発話し、多様な声が複雑に響きあう場所である。

(12) 　正統的周辺参加：レイヴとウェンガーがメキシコの産婆、リベリアの仕立屋、アメリカの操舵手などの事例を取り上げ、学習が実践の共同体への参加の過程であると説明するのに用いた言葉。その学習過程は、正統的かつ周辺的な業務を担当する新参者から始まり、徐々に複雑さを増して重要かつ中心的な業務を担当する十全な参加者へと変化するとされる。

(13) 　自己実現の欲求：マズローが人の欲求の 5 段階の階層において最高次に位置づけた欲求。4 つの欲求が満たされたとしても、人は自分に適したことをしないかぎり、新しい不満が生じて落ち着かなくなる。自己実現は人の性分に忠実で、自分のできること、やらなければならないことであり、形は人それぞれ異なる。自己実現に向かって人は成長すると考えられる。

(14) 　自己決定：自分の行動の原因が自分の決定にあると感じること。たとえば、くじ引きで決められた係の仕事をする時は作業がはかどらなくても、みずから立候補して決まった係の仕事は没頭してやれるなど、自己決定はその後の行動の質に影響を及ぼす。ただし、自己決定は段階的に変化する性質もあり、外部からの決定が必ず害悪であるというわけではない。

(15) 　内発的動機づけ：ある活動そのものが目的である場合の心理現象。報酬を目的としない意欲。たとえば、ピアノを熱心に練習する行為の理由が、「ピアノを弾かずにはいられないから」とか、「イメージ通りに弾けるよう努力することに幸せを感じるから」という場合は、内発的に動機づけられた状態である。

(16) 　外発的動機づけ：ある活動に取り組むのがなんらかの手段である場合の心理現象。賞罰に基づく意欲。たとえば、ピアノを熱心に練習するという行為の理由が、「兄弟姉妹が習っていて自分だけ練習しないと比べられて怒られるから」とか「ピアノを上手に弾けるとまわりの人に褒めてもらえるから」

という場合は、外発的に動機づけられた状態である。

(17) アンダーマイニング効果：内発的に動機づけられている活動に対して、報酬に対する期待をもつことで、報酬が与えられなくなった後にその活動に対する内発的動機づけが低下する現象。絵を描いたら褒美をあげると約束して実際に褒美をもらう経験をした幼稚園児が、褒美をもらえなくなった時に、約束なく褒美をもらった経験をした園児と比べて自由時間の描画時間が短くなった実験結果がある（Lepper, et al., 1973）。

教　授　法

1.　学習を促す教授法の観点

　授業はさまざまな学習を促す教授法で構成されている。たとえば、学習者自身が科学的な法則や原理を発見できるように促すこともあれば、一斉授業で必要な知識を伝達することもあるだろう。また、他者との協働による学習を促したり、学習者の進度に合わせて学習の内容や方法を調整して個に合わせた学習を促すこともある。本章では、「発見学習」「受容学習」「協働学習」「個に合わせた学習」の4観点から、それぞれの学習を支える教授法の特徴や学校教育への応用可能性について考えていく。

2.　発見学習を促す

1.　発見学習

　小学生の頃、三角形の面積を求める方法についてどのように学んだだろうか。自分で計算方法を発見するように求められた人もいるだろうし、「底辺×高さ÷2」の公式を与えられた人もいるだろう。ブルーナー[1]（Bruner, J. S.）は、前者のように学習者自身が科学的な法則や原理の発見過程を経験し、それにより達成される学習を「発見学習（discovery learning）」と呼び、教育課程における重要性を指摘した。一方、後者のように外から情報を与えられることを通して達成される学習は「受容学習（receptive learning）」と呼ばれ、発見学習と受容学習は対比的にとらえられてきた。

　発見学習では、学習者が科学者の研究手続きを追体験し、その経験を通して科学的な法則や原理を発見、説明できるようになることを目指す。そのため、発見学習の過程は、（1）課題の把握（何を明らかにするべきかを明確化する）、（2）仮説の設定（与えられた教材や資料から仮説を立てる）、（3）仮説の精緻化（仮説を論理的なものとし、どうすれば仮説が検証できるかを考える）、（4）仮説検証（実験などにより仮説を検証する）、（5）発展とまとめ（得られた結果から結論を導く）、と科学的な研究の手続きに類似した形で構成されている。

2.　発見学習を促すために：仮説実験授業を例として

　日本では、板倉（1966）が科学者の研究手続きを追体験させる指導方法として「仮説実

験授業」を提唱している。

　仮説実験授業は、(1) 導入 (経験を学習者間で共有する)、(2) 問題場面の提示 (授業のテーマとなる問題を提示し、必要な箇所について説明をする。目的を明確化する)、(3) 結果の予想 (結果の選択肢を提示し、学習者は自分の予想と合致する選択肢を選ぶ。選択肢がない場合は結果を予想する。教師はこれらの予想を集計して板書する)、(4) 根拠の発表・討論 (自分の予想を支持する根拠を発表しあい、討論する。この過程で学習者は選択肢や予想を変えても良い)、(5) 実験 (実験によって予想が正しかったかどうかを検証する。実験だけでなく、観察が含まれることもある)、(6) 評価 (予想を判定し、確認した後に理解確認のための練習問題を行う。また、学習者は感想文を書く)、(7) 発展 (教師が授業内容からさらに視野を広げる話をする) といった手続きで行われる。教材は「授業書」と呼ばれることもあり、提示する問題、質問、練習問題などがパッケージとして整理されている。仮説実験授業の発想はブルーナーによる発見学習の発想と近しく、学習者を誘導せずに、自由に討論させることを通して科学的発見の楽しさを伝えることが重視されている。

3. 発見学習の利点と課題

　ブルーナーは、発見学習の利点として (1) 知的な潜在能力を高める (問題を発展させる知識や能力、態度が身につく)、(2) 学習への誘因が外発的なものから内発的なものへと移行する (外発的動機づけと内発的動機づけについては第7章を参照)、(3) 発見に至るためのヒューリスティック (第6章参照) が学習される、(4) 発見内容の保持を促す、という4点をあげている (Bruner, 1961)。

　こうした利点が指摘される一方で、発見学習は学校教育への導入が難しいことも指摘されてきた。限られた授業時間のなかで、学習指導要領や教科書の進度を考慮する必要がある学校教育では、学習者の発見を待つことが困難な場合もある。また、発見を支援するために多くの教材を準備する必要がある点も、発見学習の実施を難しくする要因の1つだといえる。さらに、学習者が適切な仮説の設定とその検証方法を考案できる能力を有している必要があり、そうでない場合は発見学習を効果的に実行できないことも指摘されている。

　これらの点に注目すると、学校教育では発見学習よりも受容学習が適している気がするかもしれない。しかし、発見学習と受容学習とでは、そもそもねらいとしている教育効果が異なるため、実行可能性のみに注目した比較には慎重になる必要がある。発見学習では学習方法の獲得や学習への態度形成など、短時間では変化が望みにくい (そして、テストで計りにくい) 側面への効果が期待されており、これは科学教育のあり方に対して重要な示唆を与えるものであった。発見学習だけで授業を構成することは難しいとしても、その考え方を普段の授業に持ち込むことで、教授法をより豊かにすることができるだろう。

3. 受容学習を促す

1. 有意味受容学習

オーズベル[2]（Ausubel, D., 1918-2008）は、適切な時と場所、および明確な目的のもとでは発見学習が有益であると認めた上で、それと同じことが授業者による教授によっても達成可能であることを主張し「有意味受容学習（meaningful reception learning）」の重要性を指摘した（Ausubel, 1961）。

オーズベルの指摘を理解するためには、「発見学習―受容学習」の軸だけでなく、「有意味学習[3]―機械的学習[4]」の軸を意識する必要がある。この2軸からは（a）有意味学習かつ発見学習、（b）機械的学習かつ発見学習、（c）有意味学習かつ受容学習、（d）機械的学習かつ受容学習、という4つの学習パターンが想定される。オーズベルは、発見学習が「神秘的なまでに」尊重される背景には、「発見学習は有意味学習であり（a）、受容学習は機械的学習である（b）」という誤った対応づけがあることを指摘した。そして、発見された知識は言語によって伝達可能であり学習者が再発見する必要はないこと、および学校教育では受容学習が中心となっていることから、（c）の有意味受容学習を促す必要があると主張した。

2. 有意味受容学習を促すために

有意味受容学習を達成するためには、外から与えられた情報を既有知識と関連づけて取り入れる必要がある。たとえば、新しく知った歴史事項を丸暗記するのではなく、自分が知っている歴史事項と関連づけて理解することは有意味な学習だといえる。つまり、一斉授業による受容学習を行っていたとしても、学習者が情報から意味を導き出したり、既有知識との関連を探索したりするといった能動的な態度を有する場合、それは有意味受容学習となるのである。したがって、教師の役割とは学習者がそうした態度を有するための指導と環境設定を行うことにあるといえるだろう。

さらに、オーズベルは有意味受容学習を促す上で、先行オーガナイザー[5]（advance organizer）の有用性を指摘している。先行オーガナイザーとは、学習前に「これから学ぶ内容」の情報を学習者に与えることで、あらたな情報と既有知識の関連づけを促す教授上の枠組みである。あらたな学習内容に入る前に、その内容の理解を促す枠組みを与えることで学習が促進されるという知見は、予習[6]の有用性を示す理論的根拠の1つとなっている。

3. 発見学習と受容学習における教師の役割

発見学習において、授業者としての教師の役割とは、対話を支援したり学習者の発見を促したりするなどの補助的なものとなる。一方、受容学習では教材の解釈や伝える情報の選択など、教師は授業者として中心的な役割を担うことになる。そして、実際の授業にお

いて、教師は両方の役割を担いながら授業を進行していると思われる（例：基礎的な知識を伝え、話し合いを組織しながら学習者自身に学習内容を発見させる）。発見学習／受容学習といった分類は、学習法やそれを促す教授法を分析する上では有用であるが、実際にはそれらが混ざりあいながら授業が進められている。そうだとすれば、そうした「混ざりあい方」に注目して教授法を考えることも重要なアプローチになるといえる。

　たとえば、市川（2004）は学習者自身が問題を発見したり解決したりする活動が増大した結果、「教師が教えてくれないのでわからない」という学習者が増えていることを指摘し、この問題を克服する教授法として「教えて考えさせる授業[7]」を提案している。教えて考えさせる授業は、その名の通り、授業前半では教師の説明と理解確認による基礎的な知識の獲得が目的とされ、その後、発展的な理解深化課題を行い、討論や話し合いを通した問題解決を行う。このように、発見学習と受容学習を組み合わせ、両者の利点を損なわずに融合することができれば、より効果的な学習を促すことができるだろう。

4. 協働学習を促す

1. 協働（きょうどう）[8]学習とは

　協働学習（collaborative learning）とは、複数の人間が相互作用を通して学びあうことを示す（藤江, 2010）。教室には多様な経験を有する学習者が集まっているが、協働学習ではこうした個人差を前提として、自分と異なる他者との相互行為によって問題を解決したり、学習内容の理解を深めることが目指される。他者との相互行為を基盤とした学習のあり方は、近年注目されているアクティブ・ラーニング（コラム2参照）を効果的に展開する上でも有効であり、協働学習を支え、促すことは、今後も教師にとって重要な課題となり続けるだろう。

　日本では、古くから少人数での学習活動が行われており（例：班学習）、バズ学習[9]のように日本独自の指導方法も提案されている。その意味で、日本の学校教育と協働学習の親和性は高いといえる。また近年では、解決すべき課題や問題を教師が提示するのではなく、学習者自身が発見し、その解決のための学習を進めるプロジェクト型学習[10]（project-based learning：PBL）が提案されている。こうした学習者主体の学習を進める上でも、協働学習は有効な学習方法になると考えられる。

　協働学習を行う利点として、秋田（2010）は（1）説明や質問を行うことで自分の不明確な点が明らかになる「理解深化」、（2）集団全体として豊かな知識リソースを共有することによる「利用可能な知識の増大」、（3）相互行為を通して相手の反応等を得ることで、自分の認知過程や思考をモニタリングすることによる「メタ認知の促進」、（4）相互行為を通して同じ意見や活動を共有することによる「グループ意識の向上」をあげている。これらの利点は、協働学習を対象とした複数の研究によって示されており、その有効性が示唆される。

2. 協働学習を促すために

協働学習は互恵的に行われる必要があり、グループの成員が相互行為を通して互いに学びあうことが期待される。たとえば、グループ内で特定の学習者だけが課題に取り組んでいたり、自分で考えずに他者に解法を求めるような行為が生起する場合、それは協働による学習とはいえないだろう。

こうした問題を克服するためには、すべての成員が参加しやすい状況を設定することが必要となる。たとえば、ブレインストーミング⁽¹¹⁾のように否定的な態度で意見を批判・判断することを禁じ、自由に発話することを促すといった工夫が考えられる。また、成員それぞれが責任感をもって課題に取り組むように促すことも重要である。具体的には、他者と協働で学習する方法や態度（例：自分と異なる意見の聴き方や質問の仕方）を教えたり、教師が学習者に対して役割（例：司会者、まとめ役）を与えたりすることが効果的であろう。たとえば、ジグソー学習⁽¹²⁾で行われているように、グループの各成員に対して特定の内容を学習するように役割を与え、ほかの成員から学びながらグループの課題を達成するような授業設計は効果的な工夫の１つだといえる。さらに、意見を交流させる場合にはツールによる支援も効果的である。他者の意見を聴き、それを保持しながら応答を考え、適切な形で発信することは認知的負荷の高い活動だといえる。したがって、他者の意見を文字として保持し、思考するためのツール（例：ワークシート・付箋）を与えることも、協働学習において効果的な支援となる。

留意が必要であるのは、協働学習での学習者のふるまいには、普段の教師のふるまいが反映されるという点である。協働学習や議論活動に関する研究では、学習者が教師をモデルとして発話したり、応答したりすることが示されてきた。したがって、協働学習における相互行為に対する支援は、協働学習時だけでなく普段の授業から継続して行う必要がある。たとえば、誰かの意見に対して質問することを教師が価値づけ、その質問を全員で考えたり、学習者間の応答をつなげたりすることは、協働学習における他者への質問や、質問への応答を通して協働的に問題を解決しようとする態度の基盤になるといえるだろう。

3. 協働学習の評価

協働学習の質はそこで生起する相互行為の質に依拠している。したがって、協働学習の評価も最終的なパフォーマンスだけでなく、相互行為の過程に対して行う必要があると考えられる。動的な過程を評価する方法の１つとして、ポートフォリオ⁽¹³⁾による評価があげられる。グループ内の相互行為を即時的に把握、評価することは難しいが、ポートフォリオを確認することで、事後的であっても学習の過程を評価することができる。また、学習者も自分がどのように課題に取り組んできたかを自己評価できるため、これまでの過程から今後の学習内容を決定するという自律的な学習を促す上でも、ポートフォリオは有効

な手立てとなる可能性がある。

5. 個に応じた学習を促す

1. 教授法の効果の個人差

　従来、教育心理学の領域では、適性処遇交互作用[14](aptitude treatment interaction : ATI)に注目する必要性が指摘されてきた。適性処遇交互作用とはクロンバック（Cronbach, L. J., 1916-2001）が提唱した概念であり、処遇（教授法や学習環境など）の効果は学習者間で一様ではなく、学習者の適性（学力、興味関心、態度など）との交互作用（組み合わせ方）によって異なることを意味している。たとえば、理科の授業で発見学習を促すことは、もともと理科に興味をもっていたり、一定の知識を有している学習者に対しては有効な教授法となるかもしれないが、理科に興味がなく知識を十分に有していない学習者にとっては有効ではないかもしれない。一般的に「良い」とされている学習法・教授法であっても、その効果は学習者によって異なるものであり、教師はその効果の個人差に目を向ける必要がある。

　ここで、「教授法の効果は学習者によって異なる」と言われると、それは当たり前だと思われるかもしれない。しかし、「自分の経験から、この教授法は、すべての学習者に対して十分な効果があるはずだ」と考えることはないだろうか。あるいは、長い時間をかけて練り上げてきた指導方法を実行する際に、それが適さない学習者の存在を十分に考慮できているだろうか。適性処遇交互作用の概念は、こうした教師の内省を促し、最適な教授・学習の方法を探索し続ける必要性を示唆している。

2. 個に応じた学習を促すために

　「個に応じた」と言われると、「できる子はできる子なりに」、「できない子はそれなりに」といった感覚を抱くかもしれない。たとえば、クラスには学習内容を十分に理解している学習者、それなりに理解している学習者、理解していない学習者が混在しており、こうした個人差は「仕方のない差」だと考える人もいるだろう。ブルーム（Bloom, B. S., 1913-1999）は、教師がこうした先入観を有していることを指摘し、この先入観を排除して「誰もがわかる授業」を行うための、完全習得学習（mastery learning）を行う必要性を主張した。学習は基礎的内容に積み重ねられる形で階層的に発展するため、基礎的事項や重要事項については学習者全員が十分に理解する必要がある。したがって、ある段階を達成することで次の段階へ進むという階層性をもとに学習課題や授業を設計すれば、全員がわかる授業が達成されるというのが完全習得学習の考え方である。

　ブルームは完全習得学習を達成するために、小グループでの学習や個別指導、学習者に応じたテストや教材の選択、プログラム学習の実施などいくつかの方法を提案している。

しかし、普段の授業で個に応じた学習を達成することには現実的な限界もあるだろう。そこで近年では、プログラム学習のようにコンピュータに実装可能な学習方法が注目されている。プログラム学習は、スキナーがオペラント条件づけ（第7章参照）の原理を学習方法に取り入れて提唱した学習方法であり、提示された課題に解答し、正答すれば次の段階の課題に取り組み、誤答している場合はその段階の課題に再度取り組むというスモールステップの原理[15]により構成されている。この方法であれば、（理論上は）学習者は自分のペースで学習を進め、独力で学習目標を達成すると考えられる。無論、こうしたツールのみで完全習得学習が達成されると考えるのは単純すぎるが、学習者それぞれのペースに合わせた学習ツールを用いるという発想は、ICT[16]の普及に伴って今後より一般化すると考えられる。

3. 個に応じた学習を促すための評価

　完全習得学習の達成においてブルームが重視したのは評価の方法である。評価というと、典型的には中間・期末試験のような成績評価が思い浮かぶ。このような評価は、総括的評価（summative evaluation）と呼ばれ、長期的な活動のまとめとしての評価の意味あいが強い。一方、ブルームは指導過程で行われる形成的評価（formative evaluation）の重要性を指摘した。形成的評価を行うことで、教師は学習者がどこにつまずいているかを明らかにでき、その結果をふまえて指導方法を調整し、学習者に合わせた指導を行うことが可能となる。そのため、ブルームは形成的評価において、総括的評価のように得点や順序をつけるのではなく、学習者の学習状況を把握することに主眼をおいている。

　形成的評価の一例として、大学の講義などでは、理解した点や、理解できなかった点、質問などを記述するためのリアクション・ペーパー[17]が配布されることがある。このように、授業ごと、あるいは単元ごとに学習者の状況をとらえる形成的評価の機会を設け、学習者の理解度を確認することは、学習者に対する効果的な指導の考案だけでなく、教師自身が自分の指導を内省し、次の授業に活かすことのできる示唆を得る上でも重要だといえるだろう。

（小野田　亮介）

【引 用 文 献】

秋田喜代美（2010）. 協働学習の過程　秋田喜代美・藤江康彦著　授業研究と学習過程（pp.126-142）放送大学教育振興会

Ausubel, D. P. (1961). Learning by discovery: Rationale and mystique. *Bulletin of the National Association of Secondary School Principals, 45*, 18-58.

Bruner, J. S. (1961). The act of discovery. *Harvard Educational Review, 31*, 21-32.

市川伸一（2004）. 学ぶ意欲とスキルを育てる――いま求められる学力向上策――　小学館

板倉聖宣（1966）. 未来の科学教育　国土社

藤江康彦（2010）. 協働学習支援の学習環境　秋田喜代美・藤江康彦著　授業研究と学習過程（pp.143-157）放送大学教育振興会

小野田亮介・篠ヶ谷圭太（2014）．リアクションペーパーの記述の質を高める働きかけ——学生の記述に対する授業者応答の効果とその個人差の検討——，教育心理学研究，*62*，115-128.

篠ヶ谷圭太（2008）．予習が授業理解に与える影響とそのプロセスの検討——学習観の個人差に注目して——　教育心理学研究，*56*，256-267.

Snow, R. E., Tiffin, J., & Seibert, W. F. (1965). Individual differences and instructional film effects. *Journal of Educational Psychology*, 56, 315-326.

(用語解説)

(1) **ブルーナー**（Bruner, Jerome S.）：米国の心理学者（1915-2016）。教育心理学のみならず、知覚心理学、発達心理学、認知心理学など多岐にわたる研究を行った。「どのような科目でも、どのような発達段階の子どもに対しても教えることができる」と主張し、カリキュラム改革を推進するなど、教育界にも多大な影響を与えた。

(2) **オーズベル**（Ausubel, David）：米国の心理学者（1918-2008）。発見学習が教育界に歓迎されている状況において、教育の役割は教授すべき知識を選定し、学習者がそれを有意味かつ効果的に学ぶことができるように支援することだと主張し、受容学習を擁護した。また、受容学習を通して有意味学習を達成するための方法として先行オーガナイザーの概念を提唱した。

(3) **有意味学習**：情報を意味づけながら学習する方法。具体的な現象と対応づけて化学や物理の法則を理解したり、文法や数式を全体の学習体系のなかに位置づけて理解したりすることは有意味学習だといえる。また、学習内容が有意味であっても、学習者がそれを丸暗記するといった場合は機械的学習となるため、学習者が意味を見出そうとする能動的な態度も必要である。

(4) **機械的学習**：情報を意味づけずに学習する方法。単語や歴史事項を何度も書いたり、復唱したりして丸暗記する方法は機械的学習だといえる。機械的学習による記憶は、有意味学習による記憶に比べて困難であり、保持期間も短いことが示されている。機械的学習を行う学習者は少なくないため、学校教育を通して有意味学習の方法を教授する必要があるといえる。

(5) **先行オーガナイザー**：オーズベルは、学習の前にその内容の枠組みを示す短いテキストを与えることで学習内容の保持が促されることを示した。本章では、第1節で各教授法の位置づけと、章の枠組みを説明している。この節を読むことで、それ以降の内容が理解されやすくなったとしたら、それは先行オーガナイザーとしての機能によるものだといえる。

(6) **予習**：予習は授業内容の理解を促す先行オーガナイザーとして機能する可能性がある。その一方で、意味を理解しながら学習しようとする（知識のつながりの理解を重視する）学習者に対しては、予習が学習を促す効果が認められるものの、そうした志向性を有していない学習者に対しては効果が認められないなど、予習の効果には個人差（適性処遇交互作用）が生じることも示されている（篠ヶ谷，2008）。

(7) **教えて考えさせる授業**：市川（2004）が考案した授業設計論。教師が主導する受容学習型の授業や、学習者による発見や解決を促す発見学習型の授業に内在する問題点を補い、学力差が大きな学級であっても実行可能な方法として提案された。意味理解を重視した習得の授業として「教師からの説明」、「理解確認」、「理解深化」、「自己評価」の4段階から構成されている。

(8) **きょうどう**：学習の文脈において「きょうどう」には「共同」、「協同」、「協働」の漢字があてられることがある。このうち「共同」は集団で共に活動することを意味しており、もっとも広義な名称だ

といえる。「協同」は集団内の成員が協力しあいながら目標を達成する活動を意味しており、「協働」ではなく「協同」の使用を推奨する立場もある。

(9) **バズ学習**：塩田芳久によって提唱された学習方法。課題提示、個人学習、小集団での話し合い（バズセッション）、全体学習、まとめ、といった流れで構成される。一斉学習での話し合いでは、発話しない（できない）学習者も存在するが、バズ学習では短時間であっても小集団で全員が発話する機会を有するため、こうした一斉授業の課題を克服することが期待される。

(10) **プロジェクト型学習**：学習者自身が解決すべき問題を発見し、それを解決するための情報を探索し、整理・分析して、他者に表現する活動によって構成される学習方法。「総合的な学習の時間」で目指されている学習の1つの形であり、課題発見やその解決過程を通して、実社会や実生活の問題を解決しようとする探究的態度や、その能力の獲得を目指す。

(11) **ブレインストーミング**：集団でアイデアを出しあう思考方法。提案者のオズボーンは、(1) 自由奔放：他者を気にせず奇抜なアイデアでも自由に提案する。(2) 結論厳禁：アイデアを出しあう段階ではアイデアに対する批判や評価は行わない。(3) 質より量：質の良いアイデアを出そうとするのではなく、なるべく多くのアイデアを出す。(4) 結合改善：他者のアイデアを土台にしたり、組みあわせたりして新しいアイデアを提案する、といった4つのルールを提案している。

(12) **ジグソー学習**：学級を複数のジグソーグループに分け、各ジグソーグループから1名ずつが分割された学習内容のエキスパートグループに割り当てられる。学習者は各エキスパートグループで担当内容について学習し、それをジグソーグループに持ち帰り、共有しあうことでグループとしての学習を達成する。日本では、東京大学 CoREF で「知識構成型ジグソー法」が研究されている。

(13) **ポートフォリオ（portfolio）**：ポートフォリオとは、いろいろな資料を綴じ込むファイルのことを指す。教育場面におけるポートフォリオとは、多くの場合、活動中のノートやメモ、資料を時系列でファイリングした学習過程の成果物を指す。こうした資料は分厚くなりがちで保管が困難になるため、近年ではポートフォリオを電子化した e ポートフォリオが導入されている。

(14) **適性処遇交互作用（ATI）**：介入と学習者特性の交互作用であり、学習指導や臨床的介入を行う際に考慮する必要がある。有名な研究例としては、Snow, Tiffin & Seibert（1965）の映画による指導と、教師による直接指導の効果の比較があり、学習者の対人積極性が高い場合には教師の指導が、対人積極性が低い場合は映画による指導が効果的であることが示されている。

(15) **スモールステップの原理**：学習課題を細分化、階層化し、小さなステップとして難易度順に配列する。学習者は各ステップを順に達成することで、最終的には学習目標を達成することができる。また、難易度順にステップが進むため、誤答の可能性も低下し、誤答による負の情動の喚起や、それを回避しようとする反応を低減することも期待される。

(16) **ICT（Information and Communication Technology：情報通信技術）**：コンピュータを中心とする ICT の普及は、教育の方法にも大きな影響を与えている。プログラム学習のようにコンピュータを用いて学習内容を教授する CAI（Computer assisted instruction）だけでなく、インターネットを用いて情報を探索したり、他者と協働することも ICT により可能となっている。

(17) **リアクション・ペーパー**：大学の講義などで配布される紙媒体のツール。質問や感想など、記述内容は授業者の目的に合わせて柔軟に設定することができ、学習者の理解状況を把握することで形成的評価を行うこともできる。また、リアクション・ペーパーの記述を教師が取り上げることで、学習者の質問行動が促進されることも示されている（小野田・篠ヶ谷, 2014）。

1. もともとアクティブ・ラーニング施策は大学教育で始まった

　私は、アクティブ・ラーニングを、「一方向的な知識伝達型講義を聴くという（受動的）学習を乗り越える意味での、あらゆる能動的な学習のこと。能動的な学習には、書く・話す・発表するなどの活動への関与と、そこで生じる認知プロセスの外化を伴う。」と定義してきた（溝上，2014）。まず、ここから議論を始めよう。書く・話す・発表するなどの「活動」への関与と、認知プロセスの「外化」がここでのポイントである。この定義は、1990年代初頭より米国の大学教育でなされてきた定義（有名な定義としてボンウェル・エイソン、2017）を若干修正して、日本に提唱してきたものである。それは、教師から学生への一方通行的で、知識伝達型の講義における“聞く”という受動的な学習を脱却することを目指して、その受動的な学習と相対する「能動的」な学習を措定したものであった。

　いわゆるチョーク＆トークの講義一辺倒の授業を脱却することが切実に求められたのは、まず大学教育であった。はじめは、大衆化、ユニバーサル化する大学において、講義を聞けなくなってきた学生を講義に参加させるため、やがては学生の学校から仕事・社会へのトランジション（移行）をにらんで、今でいうところの資質・能力（思考力・判断力・表現力等）をも育てるため、アクティブ・ラーニングは導入された。2012年のいわゆる質的転換答申で、大学教育に「アクティブ・ラーニング」が施策用語として導入されたのも、講義一辺倒の授業を脱却する意味においてであった。以下の定義と、私の上記の定義を読み比べるとよくわかる。「教員による一方向的な講義形式の教育とは異なり、学修者の能動的な学修への参加を取り入れた教授・学習法の総称。学修者が能動的に学修することによって、認知的、倫理的、社会的能力、教養、知識、経験を含めた汎用的能力の育成を図る。発見学習、問題解決学習、体験学習、調査学習等が含まれるが、教室内でのグループ・ディスカッション、ディベート、グループ・ワーク等も有効なアクティブ・ラーニングの方法である。」

　大学教育では、今なお質的転換答申を参照しながら、アクティブ・ラーニングの改革が進められている。

2. 最後の砦となっていた高等学校の教育

　小中学校・高校に視点を移そう。現行の学習指導要領改訂まで、教育改革の主なターゲットは義務教育としての小学校・中学校であった。高等学校は、教育改革にメスが入らない最後の砦だといわれていた。講義一辺倒、チョーク＆トークの授業形態は、大学のみならず高等学校のものでもあった。

　2014年末に学習指導要領を改訂して初等中等教育にもアクティブ・ラーニングを拡げようとした基本的な動きは、最後の砦であった高等学校の教育にメスを入れるものであった。それは、大学教育、大学入試、高校教育の三位一体の高大接続改革の延長線上でなされたことからもわかる。小学校、中学校までアクティブ・ラーニング論を下ろさなければならないとまで私は考えていなかったが、少なくとも高校2年生くらいまでのあいだに大学や仕事・社会で必要とされる資質・能力の大部分ができ上がる発達事情を鑑みて、高校

教育の改革、高大接続は必然であった。アクティブ・ラーニングだけが求められたわけではないが、少なくとも大学受験にあまりに傾斜する高等学校のチョーク＆トーク型の授業は、アクティブ・ラーニングによって変えられなければならなかった。

3. 小中学校にもアクティブ・ラーニングを下ろす格好に——「主体的・対話的で深い学び」の登場

ところが、学習指導要領を改訂するとなると、ついてくるのが小学校・中学校である。高等学校だけの学習指導要領を改訂するわけにはいかない。目指すところは違っていても、実質的な学習活動としてはアクティブ・ラーニングと類似する言語活動の充実施策が、10年前の学習指導要領で打ち出されたばかりだ。その言語活動をすでに推進している小学校・中学校にも「アクティブ・ラーニングを」という話になるのだから、何が違うのかと批判が噴出するのは当然といえば当然である。

しかも、大学教育で背景となった講義一辺倒の授業など、小学校ではありえないという話になり、話が錯綜していく。中央教育審議会で学習指導要領改訂を審議する主な委員は、幼稚園や義務教育の専門家、教員、関係者ばかりで、高等学校の事情に通じる者は少なかった。委員であった高等学校の教員でさえ、高大接続や大学の事情には通じていなかった。国家施策の限界を見た瞬間でもあった。義務教育を基礎としすぎた審議の結果は、承知の通り、「主体的・対話的で深い学び」の実現（「アクティブ・ラーニング」の視点）」であった。

4.「外化」としてとらえ直す

アクティブ・ラーニングであろうと言語活動であろうと、主体的・対話的で深い学びであろうと、用語は何でもいい。しかし、外せないポイントは「外化」である。外化は、このすべての用語の基調となるものであり、新しい教育の転換のポイントとなるものである。

外化は、理解すること、考えること、感じること等を、書く・話す・発表する等の活動を通して、自分の言葉で外に出すことである。「活動あって学びなし」や「はいまわるアクティブ・ラーニング」などと揶揄されたような、活動だけを導入すればいいといったものではない。活動を通して自分の言葉で頭のなかにあることを外化する学びのプロセスに、さまざまに育てたい、育てなければならないポイントが埋め込まれている。

5. 小学校の授業でも資質・能力の育成には必ずしも対応していない

アクティブ・ラーニング論は、変わる社会を考慮して学校教育の社会的機能の見直し、つまりトランジションをにらんで主唱されている。これまでのように、個の力を育てれば、将来力強く仕事・社会に移行できる状況ではなくなっている。いくら個の力が育っていても、いくらテストの成績が良くても、有名大学を卒業していても、協働の力の弱い者が力強く生きていける仕事・社会ではなくなっている。この現実を教員の多くは見落としている。

その意味では、チョーク＆トーク型の授業とは無縁の小学校の授業においてさえ、その児童を巻き込む授業がすべての児童の資質・能力（思考力・判断力・表現力等）を育てるものになっているかはきわめて疑わしい。できる児童の理解で授業やグループワークが進んでいる現実を、容易に見てとれるからである。

これまではそれでよかったかもしれない。しかし、今変わる社会に照らして、学校教育

の目標や意義を見直しており、その観点からの新学習指導要領への改訂である。単により良い授業や学習を目指しての改訂ではないのである。

　児童生徒の個と協働の力をバランスよく育てることが、今学校教育に求められている。活動が"話す""発表する"というように他者、集団、社会へと拡張されているのは、まさにトランジションをにらんで学校教育を転換させようとしているからである。主体的・対話的で深い学びでいえば、「対話的な学び」は外せない要素であり、これを外して「深い学び」に到達しても、新しい社会的状況に適応する学びとはならない。こうして、新学習指導要領の「社会に開かれた教育課程」の意味が見えてくる。仕事・社会に出てから力強く生きていくための学校教育であることが、何度も問い直されねばならない。

（溝上　慎一）

【引 用 文 献】

ボンウェル，C.・エイソン，J.（著）高橋　悟（監訳）（2017）. 最初に読みたいアクティブラーニングの本　海文堂

溝上慎一（2014）. アクティブラーニングと教授学習パラダイムの転換　東信堂

＊アクティブ・ラーニングや主体的・対話的で深い学び、トランジションなどに関する理論や概念の最新の説明や事例紹介は、ウェブサイト「溝上慎一の教育論(http://smizok.net/education/)」にあります。

教育評価

1. 教育評価の意義と目的

1. 教育評価の歴史と現在

　学力検査（テスト）を用いた成績づけが教育評価と思われがちであるが、それは教育評価を支える活動の1つであり、測定[1]および評定[2]と呼ばれる。教育評価（educational evaluation）とは単なる成績づけではなく、児童生徒の学力や適性、教師の指導方法、学校内外の学習環境、カリキュラムなどの教育情報を幅広く収集して、教育が期待した成果を上げているかどうかを判断することである。

　教育は「Plan（計画：教育目標の具体化）→ Do（実行：教育目標を目指す指導）→ Check（評価：教育目標の成就・到達状況の確認）→ Action（改善：教育を改善し教育目標の到達を図る）」というサイクルであり、PDCA サイクルと呼ばれる。教育評価は、この PDCA サイクルにおいて指導の改善点を見出す重要な教育活動である。

　米国では 20 世紀の初頭まで、教育に関係する事象を客観的に測定することを理想とする教育測定運動が続いたが、1930 年代に入り、児童生徒の社会的側面や情緒的側面などの教育目標の重要な側面を軽視しているとの批判が高まり、教育評価の重要性が主張されるようになった。

2. 教育評価の目的と方法

（1）目　　的

　教育に関係する立場によって教育評価の目的や評価者は異なり、以下の4点に整理することができる（橋本，2003；石田，2012）。

　①指導目的：教師が評価者となり、指導の適切性を単元、学期末、学年末に判断する。単元では教師自作検査、学年末では標準検査を利用することができる。また、基礎資料として知能や性格などを測定する標準検査も有用である。

　②学習目的：児童生徒が評価の当事者となり、自身の学習が適切であるかを自己評価する。指導要録へ記入する主体的に学習に取り組む態度や感性、思いやりなどの評価には質問紙を用いた標準検査が有用である。

　③管理目的：学級や学習グループの編成、学習の記録とその保護者への通知、入学選抜

に必要となる調査書の作成など、管理職にとっての評価である。また、物的・人的な教育環境の評価も含まれる。

　④研究目的：教師や研究者が評価者となり、指導方法の改善と新しい指導方法や教材の開発を目的とする評価である。たとえば、学力検査の問題形式、運用方法、結果の返却方法などは教育目標の達成度に影響するが、その効果に関する検証は研究目的の評価の1つである。

3. 評価の基準

　評価[3]を行う参照枠は「何」が「どの程度に」到達されたかという2点からなる。この「何」は学習評価の中心となる教育目標であり、学習指導要領[4]（池田, 2017）においては教科の目標や内容として示されている。これに評価「規準（criterion）」という語を当てることがある。「どの程度に」は量的な基準であり、評価「基準（standard）」という語を当てることがある。後者の量的な評価基準の設定の仕方により、評価は次のように分類される。

（1）相対評価（集団準拠評価）

　相対評価[5]は学力検査や質問紙検査の得点を受検者集団の平均値と標準偏差を解釈の基準として用いる。相対評価を行う標準学力検査は集団（基準）準拠検査と呼ばれ、得点は学力偏差値へ変換され、その分布が正規分布へ近似されることもある。知能検査（認知能力検査）の得点も集団の得点分布を基準として変換される。集団式知能検査では偏差値へ変換され、個別式知能検査では平均値を100、標準偏差を15とする標準得点、さらに、平均値を10、標準偏差を3とする標準得点へ変換されることが多い。検査の得点を多段階（たとえば3段階や5段階）に分けて表示することもある。

　相対評価は集団の分布を基準として個人の相対的な位置づけを評価するので、数値や段階値を明快に解釈できる。しかし、児童生徒の教育目標の絶対的な達成度や成長を把握できないという弱点がある。

（2）絶対評価（目標準拠評価，到達度評価）

　絶対評価[5]は教育目標への到達度を基準として検査の得点を解釈する。絶対評価を行う標準学力検査は目標（基準）準拠検査と呼ばれる。相対評価の弱点が強く指摘されたこと、さらに、1960年代以降に個々の児童生徒の到達度に合わせた指導の重要性が指摘されたことなどにより、絶対評価が広く採用されるようになった。

　絶対評価の難しい点は到達度を定める基準の作成、具体的には評定段階を分ける分割点（cutting score）の作成にある。基礎的な知識・技能は「○○の計算ができる」、「○○という漢字を書ける」のような具体的な行動目標として細分化できるので、妥当性の高い分割値を設定しやすい。しかし、思考・判断・表現のような高次の教育目標や主体的に学習に取り組む態度のような情意的目標は、明快な行動目標を記述しにくいので、教師が妥当性の高い分割値を設定することが容易ではない。標準学力検査ではエーベル法や修正エーベ

ル法（橋本, 1981, 1983）などを用いて分割点の妥当性を高めている。

（3）個人内評価

　個人内評価[5]はほかの児童生徒と比較せず、個人ごとに到達度の経年的変化や教科間における到達度の違いに着目して、児童生徒の特徴を多面的に評価する。個人内評価は知的能力だけではなく、情意的な側面の評価でも利用される。個人内評価はプロフィールとして個人の強みと弱みを表すので、指導に有用な資料を得ることができるが、解釈に用いる資料は相対評価もしくは絶対評価で用いる数値（たとえば、偏差値[6]や評定値）であるから、個人内評価がほかの評価から独立しているわけではない。

2. 資料収集の方法

1. 学習指導と学習評価

　各学校の授業は学習指導要領（池田, 2017）が定める基準に従って作成された指導計画に基づいて実施され（学習指導）、教師は児童生徒の学習状況を適切に評価して教育活動の質の向上を図る（学習評価）。この学習指導と学習評価は教育活動の根幹をなし、カリキュラム・マネジメント[7]の中核的な役割を担う（文部科学省, 2019）。

　図9-1に示すように2017年および2018年改訂の学習指導要領は「知識及び技能」、「思考力、判断力、表現等」、「学びに向かう力、人間性等」を各教科の目標や内容とする。そして、指導と評価の一体化を進めるために、指導要録では学習評価の対象は「知識・技能」、「思考・判断・表現」、「主体的に学習に取り組む態度」の3観点とされる。この観点

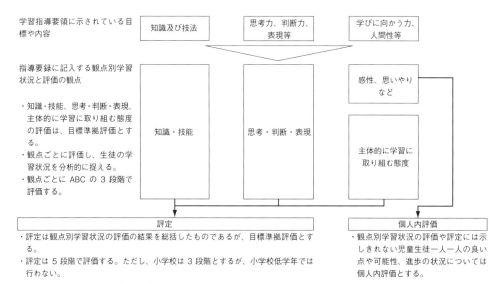

図9-1　各教科における評価の基本構造（文部科学省, 2019より作成）

別学習状況の評価を教科ごとに総括したものが評定である。いずれも目標準拠評価とする。学習指導要領が示す「人間性」に関わる「感性、思いやりなど」は個人内評価とし、一人ひとりの児童生徒の良い点や可能性に着目する。

2. 標準検査と教師自作検査

　評価に必要な資料の収集方法を表9-1に示すが、ここでは学習評価に適する評価技法を説明する。

　「知識・技能」、「思考・判断・表現」の評価に適する方法は学力検査である。学力検査の中心は標準検査と教師自作検査であり、これに市販の検査が加わる。標準検査は実施方法、採点方法、結果の解釈までが規格化された検査である。標準検査は信頼性と妥当性[8]が確保されているので、誰でも共通の基準に従って結果を解釈できる。一方、教師自作検査は個々の教師の視点に基づき日々の授業の成果をきめ細かくとらえる上で、きわめて重要な検査といえる。

表9-1　評価技法と資料の収集方法

評 価 技 法	資料の収集方法
客観式検査	真偽法、多肢選択法、組合せ法、単純再生法などである。誰が採点しても同一の採点結果となるので、客観式と呼ばれる。
記述・論述・論文式検査	「～について述べよ」、「～について説明せよ」、「～と～を比較せよ」のような形式で問い、文章記述で解答を求める。思考力、判断力、表現力の評価に適すとされるが、採点が主観的になりやすい。
問題場面式検査	児童生徒にとって未知の問題場面を設定し、その解決策を求める。解答は記述式と選択式がある。思考力や判断力の測定に適する。
作　品　法	作文、絵画、工作などの作品を資料とする。パフォーマンス評価に適する。
観　察　法	学習および生活場面における行動、発言、態度、状態などを観察し、児童生徒を理解する。容易に行えるが、児童生徒の内面を正確に知ることは難しいとされる。
質　問　紙　法	質問文を児童生徒や保護者へ提示して、本人から回答を求める。
面　接　法	会話を通して児童生徒を理解する方法であり、個別面接法と集団面接法がある。回答に応じて質問を柔軟に変えていくことができるが、児童生徒によっては回答が得にくいことがある。

3. 観　察　法

　観察法と質問紙法は「主体的に学習に取り組む態度」の評価に適し、さらに観察法は技能の評価に適する。観察法の種類は観察事態から自然観察法と実験的観察法、観察形態から参加観察法と非参加観察法に分類され、観察の計画性から日常的観察法と組織的観察法に分類される（中澤, 2006）。観察内容を記録する方法として、児童生徒の理解に有意義と思われる行動を記録する逸話記録法、注目・観察したい行動のリストをあらかじめ作成し

ておき、行動が出現した際にそれを記録するチェック・リスト法、観察した行動の程度を数段階で評定する評定尺度法[9]などがある。

4. 質 問 紙 法

　質問紙法は多数の質問文を児童生徒や保護者へ提示して、自己の状態の回答を求める。回答方法は選択肢法、評定尺度法、自由記述などである。標準化された質問紙検査は児童生徒の学習方法や学習環境などを共通の基準に従って多面的に理解することができる。

5. ポートフォリオ評価とパフォーマンス評価

　ポートフォリオとは、児童生徒が目標を達成するまでの過程で蓄積した学習の記録や作品、さらに教師の指導記録を束ねたものである。ポートフォリオを用いて児童生徒の学習評価を行い、教師の指導を改善する評価はポートフォリオ評価と呼ばれる。

　パフォーマンス評価とは、作品や実技の出来映え、あるいは実験の遂行結果などに基づいて目標の到達度を評価する方法である。

　学力検査には学力の真正性（authenticity）を測定していないとの批判があり、学力検査に代わる評価技法として、ポートフォリオ評価とパフォーマンス評価が真性の評価（authentic assessment）に向けた取り組みとして注目されている（石井, 2015）。真性の評価とは、児童生徒に実際の日常生活の場面を模写した課題を課し、そのなかで知識・技能を評価しようとするものである。たとえば、理科の実験方法、バスケットボールのシュート、さらに自転車の走行規則などを知識として習得していたとしても、正確な実行が伴うとは限らないので、技能の評価にはパフォーマンスを確認する必要がある。真性の評価はルーブリック[10]（rubric）と呼ばれる基準表に基づいてパフォーマンスの高さを評価する。

3. 評価の機能

1. 診断的評価・形成的評価・総括的評価

　学習評価は PDCA サイクルのなかで常に行われており、授業の進行に沿い、以下のように分類することができる。

（1）診断的評価（diagnostic evaluation）

　授業の節目となる学年、学期、単元などの教育指導を始める前に、児童生徒が学習活動に必要な知識・技能、思考力、判断力、表現等を習得しているかを判断する評価である。児童生徒が十分な準備状態（レディネス：readiness）にない時は復習を含めた指導が必要となる。学年のはじめには標準学力検査を用いた診断的評価を行い、学習状況の実態を把握するとよい。

（2）形成的評価 (formative evaluation)

単元や1コマの授業のなかで学習状況を確認し、指導を調整するために行う評価である。評価の結果を児童生徒へフィードバックして自己評価を促し、つまずきを早期に発見させ、学習の改善を図ることも目的とする。形成的評価はスクリヴァン（Michael John Scriven, 1928-）により提唱され、ブルーム（Benjamin Samuel Bloom, 1913-1999）が完全習得学習理論を展開するなかで詳しく論じられた（ブルーム・ヘスティングス・マドゥス, 1973）。教育目標を達成するためには学習評価のなかでもっとも重要な評価といえる。

（3）総括的評価 (summative evaluation)

単元末、学期末、学年末などで広範囲の学習内容を対象として行う評価である。個人の学習状況だけではなく、学級や学校としての学習状況を評価する。学年末に実施する目標準拠学力検査は各教科の観点ごとに到達度を示すので、補充指導や事後指導の立案に有用であり、指導要録へ記入する評定に参考となる資料を得ることもできる。

2. 学 業 不 振

学業不振は学習の困難を表す概念の1つであり、教育目標を一定の指導期間内に到達できない状態、もしくは知能や適性から到達できると期待されている程度に到達できない状態を指す（橋本, 2003）。学業不振であるかは通常の授業内でもおおよその判断はできるが、知能検査と学力検査を併用（テスト・バッテリー）することにより、客観的な判断が可能となる。

知能と学力には相関関係があるので、一人ひとりの児童生徒について知能水準から期待される学力の高さを予測できる。それを期待学力とし、実際の学力の高さから期待学力の高さを引いた値は成就値[11]と呼ばれ、成就値の大きさから学業不振であるかを判断する。

成就値がとくに小さい状態、つまり期待される学力の高さを大きく下回る状態はアンダーアチーバー[12]と呼ばれる。その原因には学習意欲、学習の計画性、学習方法、自己効力感、学習環境、家庭環境などが考えられるので、面接や質問紙検査を用いて原因を探り、指導方法を検討する。また、学習障害（第12章参照）を原因とするアンダーアチーバーもある。

一方、成就値がとくに大きい状態はオーバーアチーバー[12]と呼ばれる（橋本, 2003）。オーバーアチーバーは知能水準から期待される学力よりも高い学力の状態であるから、このことは望ましい。しかし、池之上（2018）によれば、知能偏差値が低いオーバーアチーバーにある児童生徒は毎日の努力を大切にする頑張る子で、頑張ることへの自己葛藤によりストレスを溜めることがあるという。知能偏差値が低いオーバーアチーバーの児童生徒には、心理的な不安定さがないかに配慮する必要があろう。

4. 教育評価の制度

1. 指 導 要 録

　教育評価の目的として管理があり、その1つが指導要録の作成である。指導要録は学校教育法施行規則により作成が義務づけられており、学籍と指導に関する記録が入学時から卒業時まで累加的に記入される。

　学籍に関する記録には児童生徒の氏名、性別、生年月日、現住所、保護者、在籍記録などを記入する。また、指導に関する記録として各教科の学習の記録（観点別学習状況の評価と総括的な評定）、特別の教科道徳（学習状況及び道徳性に係る成長の様子）、総合的な学習の時間の記録、特別活動の記録、行動の記録、総合所見及び指導上参考となる諸事項、出欠の記録などを記入する。

　学籍に関する記録は20年間の保存が義務づけられているが、指導に関する記録は児童生徒の個人情報であることから、保存期間は5年間である。

　指導要録は進級後には学習および生活指導に活用する資料となり、進学・就職等においては証明書の原簿となるので、児童生徒に対する指導機能と外部に対する証明機能という2つの性格をもつ。

　学習指導要領の改訂に伴い、指導要録の作成で用いる評価方法が変更されてきた。かつては各教科とも相対評価（5段階評定）とされていたが、1980年の改訂で観点別学習状況欄が設けられ、評価の観点ごとの目標準拠評価（3段階の絶対評価）となった。1991年の改訂では小学校1・2年生で評定欄が廃止され、小学校3〜6年生で3段階評定となり、続く2001年の改訂では教科の評定が相対評価から目標準拠評価となり、現在に至る。

2. 通信簿（通知表，通知簿）

　通信簿は指導要録と深く関係する表簿の1つである。多くの通信簿には児童生徒の学業成績や学校での生活状況が記入される。法的規制がないので、その内容には学校独自の創意が期待される。通信簿は学校と保護者とのあいだの連絡簿として評価情報を共有し、緊密な連携を促す。児童生徒は通信簿の内容から自己評価を行い、学習の方向性について保護者とともに考える機会を得る。

　一般的に担任教師は指導要録補助簿[13]の記入内容に基づいて通信簿を作成し、その後に指導要録を作成するが、指導要録の「指導に関する記録」をすべて満たす通信簿であるなら、指導要録と通信簿の様式を共通のものとすることができる（文部科学省，2019）。したがって、各学校が情報通信技術（ICT）環境の整備を進め、指導要録や通信簿を電子化するなら、教師の事務的作業の負担軽減が進むものと期待される。

（服部　環）

【引 用 文 献】

ブルーム ,B.S., ヘスティングス ,J.T., & マドゥス ,G.F.　梶田叡一・渋谷憲一・藤田恵璽（訳）（1973）. 　教育評価法ハンドブック──教科学習の形成的評価と総括的評価──　第一法規

橋本重治（1981）. 到達度評価の研究──その方法と技術　図書文化社

橋本重治（1983）. 続・到達度評価の研究──到達基準の設定の方法　図書文化社

橋本重治（2003）. 教育評価法概説（2003 年改訂版）　図書文化

池田政宣（2017）. 新学習指導要領の改訂のポイントと教育課程のあり方　武田明典（編著）教師と学生　が知っておくべき教育動向（pp.36-43）　北樹出版

池之上義宏（2018）. 学校全体で取り組む「主体的な学び」を育成する基盤作り──生徒指導と学習上の　深刻な課題の解決をめざして. 長田　徹（監）カリキュラム・マネジメントに挑む──教科を横断す　るキャリア教育、教科と往還する特別活動を柱に PDCA を！ ,（pp.169-198.）図書文化社

石田恒好（2012）. 教育評価の原理──評定に基づく真の評価を目指して　図書文化社

石井英真（2015）. 教育評価の立場. 西岡加名恵・石井英真・田中浩治（編）新しい教育評価入門──人　を育てる評価のために（pp.23-49）　有斐閣

文部科学省（2019）. 小学校、中学校、高等学校及び特別支援学校等における児童生徒の学習評価及び指　導要録の改善等について（通知）平成 31 年 3 月 29 日.
　http://www.mext.go.jp/b_menu/hakusho/nc/1415169.htm

中澤　潤（2006）. 観察法の意義と種類. 辰野千壽・石田恒好・北尾倫彦（監）教育評価事典（pp.126-127）　図書文化社

用 語 解 説

(1) 測定：測定とは、対象の量的な属性の強さを表すために、一定の規則に従って数値を割り当てる操作である。学校教育で児童生徒の能力や意欲等の状態を数値を通して把握することは測定である。属性の強さと数値との関係は尺度と呼ばれ、比率・間隔・順序・名義の 4 尺度に分類される。測定は評価を行うためには必要であるが、測定自体が評価ということではない。

(2) 評定：測定結果を数値や記号を用いて数段階で表示することである。指導要録の学習の記録で使用される 3 段階評定（小学校）と 5 段階評定（中・高等学校）、質問紙検査で使用される多段階評定などが評定の典型である。評定は主観に左右されることがあり、中心化傾向、寛大傾向（峻厳傾向）、光背効果（後光効果）、キャリーオーバー効果などが知られている。

(3) 評価：アセスメント（assessment）と評価（evaluation）は教育評価の意味で用いられる場合と、アセスメントが児童生徒の行動を説明する情報収集とその分析過程を意味し、評価が資料に基づく価値判断を意味する場合がある。assessment の語法は文脈に依存することがあり、とくに assessment が「評価」と訳されることがあることに注意したい。

(4) 学習指導要領：学校教育法施行規則の規定に基づいて公示され、小・中・高等学校の教育課程の領域、教科等の目標や内容、授業時間数・単位数などの編成基準を定める。学習指導要領が教育課程の編成基準を規定するので、児童生徒はどの学校でも一定水準の教育を受けることができる。学習指導要領は約 10 年おきに改訂され、それに連動して指導要録が改訂される。

(5) 相対評価と絶対評価と個人内評価：測定値を解釈し、評価する基準がほかの児童生徒である時は相対評価（集団準拠評価）、基準が指導目標への到達度である時は絶対評価（目標準拠評価）と呼ばれる。個人内評価は測定値をほかの児童生徒と比較することなく、個人内で属性の強さや弱さを比較して、

個人内の特徴を多面的に解釈し、評価することである。

(6) **偏差値**：学力検査の解答は数値を用いて採点され、手を加えていない生の得点は素点（粗点）と呼ばれる。素点は大きさに意味はあるが、評価の基準が不明のため、解釈はできない。そのため、一般に標準検査では素点を「[（素点－素点の平均値）/ 標準偏差]×10 ＋ 50」として変換した偏差値を用いて解釈する。偏差値の平均値は 50、標準偏差は 10 である。

(7) **カリキュラム・マネジメント**：教育目標を達成するために、各学校が総合的に組織した教育計画を教育課程という。カリキュラム・マネジメントは、児童生徒や地域の実情をふまえ、教育目標を達成するために教育課程を編成し、実施、評価、改善していく教育活動である。教科横断的な視点、PDCA サイクルの確立、人的・物的資源の効果的な組み合わせが必要とされる。

(8) **信頼性と妥当性**：信頼性とは、同一条件下で検査を実施した時、一貫した得点が得られる程度である。その高さは検査問題の内的整合性と再検査を行った際の安定性の観点から判断され、主に信頼性係数として表示される。妥当性は検査結果の解釈の適切性の高さである。検査が測定したい児童生徒の属性を測定していれば適切な解釈ができるので、妥当性は高い。

(9) **評定尺度法**：事前に設定した段階を用いて評価対象を評定する方法である。各教科の観点を総括して学習状況をとらえる時、小学校では 3 段階評定、中学校では 5 段階評定が採用されている。評定尺度法は一般の質問紙法の回答やルーブリックでも利用され、評定の段階数は 3 ～ 7 とされることが多い。点数式評定尺度、図式評定尺度、記述評定尺度などがある。

(10) **ルーブリック**：パフォーマンスの到達度や作品の出来映えを表す質的な基準である。ルーブリックは評価指標、評定基準とも呼ばれる。ルーブリックは学習の到達度を表す数段階の評定値からなり、評定値には各評定段階にみられる特徴的な術語や記述文、さらに各評定段階を典型的に代表する到達度や作品が添付される。到達度の質的な評価を行う点に特徴がある。

(11) **成就値**：「学力偏差値－知能偏差値」の値を成就値とすると、知能水準の高い（低い）児童生徒ほど成就値は負（正）になる割合が大きい。そこで、知能偏差値から予測した学力の高さを期待学力偏差値とし、「学力偏差値－期待学力偏差値」の値を成就値とし、学習不振であるかを判断する。成就値の平均値は知能水準の高さに依存せず、0 となる。

(12) **アンダーアチーバーとオーバーアチーバー**：アンダーアチーバーは成就値がきわめて小さい（たとえば－ 8 以下）状態であり、オーバーアチーバーはきわめて大きい（たとえば ＋8 以上）状態である。アンダーアチーバーとなる原因はさまざまであり、面接や標準化質問紙検査を用いて原因を探り、児童生徒と教師と保護者が問題点を共有して、学習の改善を図ることが望ましい。

(13) **指導要録補助簿**：指導要録補助簿は児童生徒の学習の記録や資料を記載する帳簿である。これに法的な規制はないので、学校もしくは自治体単位でさまざまな補助簿が作成されている。また、調査書は受験に際して志願校へ提出することが法的に規定されている書類である。調査書には指導要録を原本として児童生徒の学習や行動などの記録が記載される。

教育心理学の方法

1. 教育心理学の研究の目的とアプローチ

　実践的な教育心理学の研究では、大別して「調査」、「実験」、「教育実践研究」の研究方法が用いられる。各研究方法には、資料収集や因果関係の検討、実践場面での活用など適した使用目的がある。研究方法の概要を把握することは、教育心理学研究を理解する一助となる。

　教育心理学の研究は、量的研究と質的研究の異なるアプローチにより検討される。量的研究とは、数量で表されるデータ（量的データ）を扱うタイプの研究を指し、質的研究とは、数量化されないデータ（質的データ）を扱うタイプの研究を指す（南風原, 2011）。量的研究は、数量化されたさまざまな事象や教育処遇の効果などを統計的に把握することができ、質的研究は、複雑な事象の資料を背景や文脈に基づき収集できる。ただし、量的研究は、複雑な事象を数量化した一側面からしか把握できず、質的研究は、得られた資料の状況依存が高いというように、どちらにも難点がある。教育心理学では、どちらか一方のアプローチを重視するのではなく、双方向からのアプローチにより、教育心理学の研究の目的達成を目指す。

2. 調　　査

　教育心理学における調査とは、調査者から調査対象への影響をできるかぎり与えずに、事象が有する特徴などの資料をありのままに抽出することである。具体的な研究方法として、観察法、面接調査法、質問紙調査法などの研究方法があげられる。

1. 観　察　法

　観察法とは、観察者が観察対象を見ることによって、観察対象や観察対象を取り巻く環境に関する資料を得る研究方法である。その方法自体は身近なものであり、教員が日常的に行う、学級内の観察も広義の観察法の1つであろう。観察法を用いた研究例には、山脇・遠藤（2011）がある。山脇・遠藤（2011）は、キャンプの野外炊事場面における児童の社会的行動の出現を観察し、キャンプへの参加が児童の社会的活動を促進する可能性を示した。

　①使用の利点：研究方法としての観察もまた、基本的な研究方法であり、比較的平易に

利用できる。観察時には、事象の膨大な情報に対して、観察者が観察対象を柔軟に定める
ことができ、事象を構成する複雑な要素を観察目的に即してありのままに把握できる。行
動目録法[1]と行動描写法[2]により、量的なデータ、質的なデータともに記録できる点も利
点である。たとえば、山脇・遠藤（2011）は、観察場面をビデオ撮影し、行動目録法によ
り観察対象である行動の出現頻度を量的データとして扱っている。

②使用に伴う課題と対策：観察時に得られた資料は、観察者自身のフィルターを通し記
録されたものになる。つまり、得られる資料には観察者の主観が影響し、必ずしも観察対
象のありのままの資料が得られるとは限らない。観察法の実施には、得ようとする資料と
得られた資料を一致させる工夫が求められる。観察法は資料の精度向上のために以下の種
類に区分され用いられる。観察者の位置づけから、参加観察[3]、非参加観察[4]に分けられ、
観察対象の同定から、場面見本法[5]、時間見本法[5]、事象見本法[6]に分けられる。山脇・
遠藤（2011）では、観察場面を野外炊事に定めたことや、観察時間を活動開始後30分間に
定めたことが該当する。また、観察法は、観察対象を見ることで資料を収集する。したが
って、目に見えない観察対象の考えなどを把握するためには、面接調査法などの他の調査
法を併用する必要がある。

2. 面接調査法

面接調査法とは、ある事象に関する情報を得るために複数の被面接者に面接を行う調査
である。教育場面の面接では、トラブルに関する児童生徒への個別の聞き取りが該当する
が、教育心理学の研究では、面接は、児童生徒に限らず、教員、養育者など多様な対象者
へ使用でき、被面接者が経験した事象を基にした知見の創出に寄与する。たとえば、児童
生徒へ好影響を及ぼす教員の関わり方について、教員の実践に基づいた知見を見出すため
に、教員に面接法を用いた研究がある（角南，2013）。

①使用の利点：面接調査法の資料収集は、会話内容などの言語的な様子と、被面接者の
しぐさや表情などの非言語的な様子、そして言語的、非言語的な様子の一致不一致などか
らなされる。アセスメント等を目的とした面接と同様に、面接者と被面接者の相互作用が
生じるため、観察よりも事象に関わる当事者の資料を深く得られる。この利点は角南（2013）
のように、知見の蓄積が不十分である事象に関する仮説立案に役立つ。

②使用に伴う課題と対策：面接者1人が対応できる被面接者の数は限られ、特定の事象
に関して複数の被面接者から情報を得るには、面接をくり返す必要がある。面接の複数回
実施は、面接者間や被面接者間で面接内容が一貫しない事態が生じやすくなる。事象に関
する一貫した情報を得るためには、複数の面接者が同一の構成に基づいた面接を各被面接
者に行う必要があり、調査で求める面接内容の一貫性の程度に合わせ、構造化面接[7]や、
半構造化面接[7]、非構造化面接[7]が用いられる。たとえば、角南（2013）は、半構造化面
接を用いた。

円滑な面接調査法には、面接者と被面接者のラポール[8]が重要となる。ラポールが形成されないと、開示される情報の浅さや、面接の機会を設けられなくなるなど問題が生じやすくなる。ラポールの形成には、面接者の技術や経験、被面接者への受容的態度が不可欠である。

3. 質問紙調査法

　観察法や面接調査法では、観察者や面接者といった調査者が、調査対象の資料を記録したが、質問紙調査法では、調査対象者自身が質問紙へ回答し記録する。教育現場では、いじめや学習状況を把握するためのアンケートが実施されることがある。それらも質問紙調査の1種である。教育心理学の研究では、資料収集を目的とした質問紙調査のほかに、資料収集を適切に行うための道具である尺度を作成することもある。たとえば、仲間関係にダメージを与え他者を攻撃する関係性攻撃に対する児童生徒の認識を測定する尺度の作成（関口・濱口，2016）などである。質問紙調査法の研究は、事象の程度や頻度、回答者の考えに関する複数の質問項目に数量的な回答を求める量的研究が主であるが、事象に関して調査対象者が経験した内容や考えなどを記述する自由記述を用いた質的研究とすることも可能である。

　①使用の利点：量的研究の質問紙調査法で多く用いられる質問項目は、児童生徒の態度や特性などの抽象的で測りにくい概念を測定尺度[9]としたものである。質問項目の評定は、リッカート法[9]や、選択項目のなかから該当する項目を選ぶ多肢選択式により行われる。

　質問紙調査法には、一度に同一の質問項目を多数の調査対象者に尋ねることができ、サンプリングを比較的容易にできる利点がある。そのため得られたデータは、統計的に処理され、質問項目に対する集団内の回答の様子を平均値や標準偏差値から把握することや、質問項目によって測定された変数間の相関関係の検討などに用いることができる。

　②使用に伴う課題と対処：質問紙調査法は、調査を調査対象者の回答で完結させるため、実施の際に必要な配慮がある。それは、質問項目の読解といった調査対象者の理解力や、道徳的判断のような正直に回答しにくい質問項目への虚偽の回答に対する配慮である。とくに、対象が児童生徒の時、質問項目に用いる言葉遣いと児童生徒の学年の対応の配慮や、評定の選択肢に関しても、極端な回答傾向があるため選択肢の数を少なくする配慮が必要である。関口・濱口（2015）においても、選択肢の数は4件法が用いられている。

3. 実　　　験

　教育心理学における実験は、因果の3原則[10]の成立を証明することで事象の厳密な測定や因果関係を明らかにしようとするものである。そのために、実験者は研究目的に即した条件を意図的に設定し、操作可能な状況を作り出せるよう実験を計画する。

1. 実験計画法

　基本的な実験手続きは、独立変数[11]の操作により従属変数[11]の変化を示す。独立変数が有する効果は統計的に処理され、主効果として示される。独立変数が2つ以上ある場合には、交互作用も示すことができる。因果の3原則の成立を証明するためには、基本的な実験手続きと統計的な有意性の判定の考慮だけでは不十分である。「他の要因の影響による変化ではないこと」の支持を得るために、他の要因である干渉変数の影響を等しく保ち（市川, 2003）、干渉変数の影響を最小限にした実験状況を作り出す必要がある。これを統制という。

　①干渉変数の影響の例：干渉変数の統制が不十分な実験は、因果関係を主張できない。たとえば、教材Aと学習効果の因果関係を示すために、教材A使用の実験条件[12]と教材不使用の統制条件[11]を設定し実験を行ったが、各条件の実験参加者の性別が偏っていたとする。この実験で得られたデータが、教材Aの使用による学習効果の向上を示したとしても、この実験では、教材と学習効果の因果関係は示せない。「教材」のほかに、「実験参加者の性別」という仮説に含まれない独立変数があり、どちらの要因による結果であるか判断できないからである。

　②干渉変数の統制方法：干渉変数の統制方法には、まず、操作する独立変数以外の要因をすべて等しくする方法がある。実験環境の室温や明るさ、性別の比率を同じにするなどが該当する。このほかに、干渉変数について完全にランダムに割り振ることで理論的に干渉変数の効果を等しく保つ「無作為化」がある。無作為化では、実験参加者は各条件に無作為に割り当てられ、実験参加者の個人差に関する干渉変数の影響が統制される。このような無作為化による干渉変数の統制をした実験計画は、完全無作為デザイン（完全無作為配置）という。完全無作為デザインの実験は、干渉変数が統制された精度の高い実験であるといえる。

2. 準　実　験

　教育現場などの制限がある環境下では、干渉変数の厳密な統制ができないことがある。たとえば、完全無作為デザインにおいて、有効性を仮定した教育処遇の実施条件と不実施条件に児童生徒をランダムに割り当てることは、一方に不利益が生じるため倫理的に許されない。もし、倫理的な配慮により統制条件を作らずに実験を行えば、基準との比較がないため実験結果の確かさが低くなる。実験結果や研究についての正当性や確かさを、内的妥当性という。制限のある環境下において内的妥当性を高くする工夫を施した実験が、準実験である。

　①準実験の例：準実験には、統制条件と実験条件を定める場合と、統制条件を定めず、同一集団において処遇の実施前後を比較する場合などのデザインがある。前者は「不等価

2群事前事後デザイン」と呼ばれ、集団に対し実験条件と統制条件を割り当て、どちらに対しても事前テストと事後テストを行う実験計画である。西村・村上・櫻井（2015）は看護学生を対象とし、共感性プログラムの効果を準実験で検討している。各条件はクラスごとの割り当てであるため完全無作為デザインにならず、準実験計画を用いている。後者の場合には、効果検討をする処遇の実施前後において複数回にわたり効果測定をする計画が用いられる。

　②生態学的妥当性の高さと内的妥当性の低さ：準実験は、生態学的妥当性の高さの点で、実験よりも優れているとされる。生態学的妥当性とは、日常的に受けている刺激は、日常内の事象を同定しやすくするという人間の知覚に関する概念である。生態学的妥当性に基づくと、現実場面で生じる事象は、現実場面の刺激があるからこそ成立するといえる。

　実験では、簡略化した現実場面を実験室内に作り上げ、非日常的な刺激と反応の関係を検討する。ゆえに、現実場面における刺激と反応の関係性を実験によって示したとする主張は、生態学的妥当性が低いと指摘される。その一方、準実験は人工的な実験環境ではなく、教育場面のように実際の状況で実施するため、生態学的妥当性が高いといえる。ただし、生態学的妥当性の高さと内的妥当性の低さは、トレードオフに似た関係を有する。準実験の利用時には、ホーソン効果[13]のような望ましくない影響が生じていないか、慎重な対応が求められる。

4. 教育実践研究

　昨今の実践を取り巻く環境では、実践者の経験則や伝統等による実践ではなく、エビデンスベーストの実践の重要性が説かれる。そのなかで、教育実践研究は、教育心理学が得た理論的知見と、教育現場のような実践の場を結びつけ循環させる重要な位置づけを担う。

　教育実践研究は、大別して2種類の研究方針がある。それは、実践の場に関する資料を集める研究と、実践の場にある課題に変化を生じさせる積極的な介入過程に関する研究である。前者は、第2節における参加観察が該当し、教育実践研究の文脈では、社会調査活動の1つであるフィールドワークが代表的である。後者は、アクションリサーチが代表的である。

1. フィールドワーク

　フィールドワークは、主に参加観察を用いて観察対象の資料を得る調査方法である。フィールドワークの使用に関する利点と難点は、おおよそ観察法や面接法で述べたものと一致する。ただし、フィールドワークでは、観察者であるフィールドワーカーが構えとして、理論に基づき想定された課題を有しフィールドに参与することをよしとせず、フィールドにおける活きた資料をそのまま収集することをよしとする。フィールドワーカーが有する

課題の構えは、フィールドワーカーの注意を事前に想定した課題にのみ向けさせ、活きた資料に基づいたあらたな事実や課題の発見を阻害するからである。

①フィールドワーク実施の様子：フィールドワークでは、フィールド全体の観察を行いながら、その時々に生じた疑問や関心について、フィールド内にいるインフォーマントへの面接により観察を補足する資料を得る。この場合においてもラポールの形成は、フィールドワークを成功させる要因となる。フィールドを理解するためには、体験したままの資料だけではなく、その資料を裏づけるインフォーマントからの資料収集も重要である。

②教育現場におけるフィールドワーク：フィールドワーカーとフィールド、インフォーマントの相互作用は、教育現場であれば教員が学級を観察し、気になる点に関して児童生徒から聞き取るといった自然なかかわりに読みかえられる。教員の日常的な活動自体が、フィールドワークに成りうるといえよう。教育実践研究として、日常的な活動をフィールドワークに昇華させるためには、記述的な記録を詳細に残し、修正版グラウンデッド・セオリー・アプローチ（M-GTA）などの手法で資料の理論化、体系化が求められる。具体的な研究では、音楽アウトリーチの教育的意義の明確化のために、調査員2名によるフィールドワークが実施されている。音楽アウトリーチの実践における音楽家と児童の対話から教授行為過程の形態を示し、即興性や相互作用の点から教育的意義の明確化へ言及した（新原，2017）。

2. アクションリサーチ

アクションリサーチは、レヴィン（Lewin, K. Z.）が提唱した方法論である。アクションリサーチは、実験などの限定的な対象者から得た研究知見を応用し、広範な人々が有する日常的な課題の解決を目指す研究方法である。アクションリサーチは、課題解決の結果だけではなく、課題解決のための実践的過程を重視して実行される。実践的過程を重視することで、先行する知見が実践の場において活用できるよう変化する様子や、実践が先行する知見によって精錬される様子を確認することができる。したがって、アクションリサーチによる研究の成果は、課題の解決だけでなく、その解決過程全般も含めたものとなる。

アクションリサーチの流れは、実践の場における課題の同定や精査から始め、課題解決の仮説立案および実践の実施、その後、実践の評価とあらたな課題の設定をするというサイクルをくり返す（レヴィンのアクションリサーチモデル修正版に関しては【QR10-1】を参照）。この過程が科学的研究の流れである、問題の発見、仮説の立案と実証、結論の提示と同様なため、アクションリサーチの実践者は研究者の役割も果たすとされる。実践者が研究者を兼ねない場合であれば、アクションリサーチは、実践者と研究者の協働により実施される。

①教育現場におけるアクションリサーチの様子：教員が実践者と研究者を兼ねたアクションリサーチとして、秋元（2018）の研究報告を例としてあげる。伝達型授業となっている高校化学の授業を、生徒間の協力関係により成り立つ授業形態（協働学習と呼称）へと転

換することを目的とし、アクションリサーチを用いた。サイクルの構成は、「問題の発見
→授業計画→実践→授業結果の評価・分析」であり、アクションリサーチモデルと同様の
構成であることがわかる。授業の転換過程は、質的、量的の両側面から把握するため、基
礎学力の測定、質問紙調査や授業の観察が行われた。注目すべきは、サイクルをくり返す
過程において、授業計画に変化を加えている点である。1回目の授業実施後、基礎学力点
が低いクラスへは、2回目の授業実施における協働学習の時間を増し、基礎学力点が高い
クラスへは、協働学習の時間を減らしている。アクションリサーチの過程において、あら
たな事実の発見と分析とが行われているために、問題の同定や計画の変更が生じているの
である。

　授業形態（秋元，2018）に着目したアクションリサーチを紹介したが、アクションリサー
チは、その過程で問題の同定と計画の変更を加えるため、実践計画の基礎となったエビデ
ンスの見直しをする契機ももたらす。アクションリサーチは、理論と実践の各知見を結び
つけ相互に修正をしあうことにより、発展的な知見の獲得を可能にする。

　②アクションリサーチ実施に伴う課題：アクションリサーチは理論と実践をつなぎ、教
育現場の実践的な知を創造できる点でさらなる活用が期待されるが、実証的観点からの課
題もある。それは、アクションリサーチが、実践過程を重視する研究法であることから、
ある特定のアクションリサーチが示した知見を他の実践環境へ汎用できるのかどうか不明
であるとする一般化の課題である。この課題に対する明確な結論は得られていないが、ア
クションリサーチを用いた教育実践研究の将来的な増加や発展が解決の一助となるであろ
う。

（吉野　優香）

【引 用 文 献】

秋元一広（2018）．協働学習の授業デザインに関する実践的研究　日本科学教育学会研究会研究報告，*28*，
　　54-59.

南風原朝和（2011）．臨床心理学を学ぶ7　量的研究法　東京大学出版

市川伸一（2003）．実験の考え方　南風原朝和・市川伸一・下山晴彦（編）　心理学研究法（pp.125-134）
　　放送大学教育振興会

西村多久磨・村上達也・櫻井茂男（2015）．共感性を高める教育的介入プログラム　教育心理学研究，
　　63，453-466.

Reason, P., & Bradbury, H. (2001). Introduction: Inquiry and participation in search of a
　　world worthy of human aspiration. *Handbook of action research: Participative inquiry
　　and practice*, 1-14.

佐藤一子・森本　扶・新藤浩伸・北田佳子・丸山啓史（2004）．アクション・リサーチと教育研究　東京
　　大学大学院教育学研究科紀要，*44*，321-347.

関口雄一・濱口佳和（2015）．小学生用関係性攻撃観尺度の作成　教育心理学研究，*63*，295-308.

新原将義（2017）．ワークショップ型授業における教授・学習活動の対話的展開過程　教育心理学研究，*65*, 120-131.

角南なおみ（2013）．子どもに肯定的変化を促す教師の関わりの特徴　教育心理学研究，*61*, 323-339.

山脇あゆみ・遠藤　浩（2011）．組織キャンプにおける参加児童の社会的行動に関する研究　野外教育研究，*14*, 1-12.

用 語 解 説

(1) **行動目録法**：(6) を参照。

(2) **行動描写法**：観察法における、観察対象の記録方法の1つである。観察された事象を、客観的に記述し記録する方法である。客観的であるとは、観察対象の実際の行動や、行動が生起した時間、場所の記録をすることである。したがって、行動が生じた理由や、生じていない行動に関して行動の意思を汲みとるような観察者の推測は、主観に当たるため記録に含まれない。

(3) **参加観察（参与観察）**：観察者が観察対象の活動に参加し、直接に観察する方法である。参加観察は、観察対象者の活動に深く関わる観察法であるため、詳細な情報を得ることができる。その一方、観察者の存在が得られる情報に影響し、教員がいる時の教室の様子と教員がいない時の教室の様子が異なるように、限定的な情報となる可能性もある。

(4) **非参加観察（非参与観察）**：観察者が観察対象の活動にできるかぎり参加せず、観察する方法である。定点からのビデオ撮影などにより、くり返し観察が可能になる。調査対象に関する広い範囲を全体像としてとらえることができるが、観察対象に関する深い情報は得にくい。この対策には、観察対象への面接などの併用をし、詳細な資料を追加収集することが考えられる。

(5) **場面見本法と時間見本法**：観察対象を逐一観察し資料を得ることは膨大な情報量となるため、無駄も多く実現が難しい。そこで場面見本法では、観察対象が出現しやすい場面に限定し観察を行い、場面に依存する行動などの資料を得る。時間見本法では、観察時間や観察頻度を事前に決め観察を行い、観察されていない時間帯の観察対象の様子も含めた代表的な資料を得る。

(6) **事象見本法／(1) 行動目録法**：場面見本法や時間見本法のほかに、事象見本法では、事前に観察する対象を選定し、その観察対象のみを観察する。観察された対象は、観察者によりさまざまな方法で記録される。事前に定めた観察対象または、出現が予想される観察対象をリスト化した記録用紙へ、出現の有無のチェックを入れる記録方法のことを、行動目録法という。

(7) **構造化面接／半構造化面接／非構造化面接**：構造化面接は、事前設定した質問項目による面接である。半構造化面接は、事前設定した質問項目に加え、必要に応じて未想定の質問も行う。非構造化面接は、質問項目を事前設定せずに面接を行う。事前設定する質問項目の制限が厳しいほど、一定基準に満ちた情報が得られやすく、緩いほど被面接者の自由な語りが得られる。

(8) **ラポール**：面接者と被面接者間に築かれる関係性のことを指す。面接者と被面接者間には、温かな感情の交流や信頼が存在することが求められ、ラポールの形成が面接の成否に大きな影響を及ぼす。面接法の文脈以外に教育現場においても、ラポールが形成されることが望ましい。教員と児童生徒のあいだにラポールが形成されることで、良好な学級経営の実現につながる。

(9) **測定尺度／リッカート法**：測定尺度は、一般的に「対象に数値を割り当てる規則」を指す（南風原, 2011）。ただし実際には、性格や態度などを測定する質問紙や採点法も含めて呼称されることが多い。質問紙で用いられる態度評価の1つが、リッカート法である。「賛成・反対」のように一次元性のあ

る態度に対して目盛りを与え、加算や平均値による、採点を可能にする。

(10) **因果の3原則**：ミル（Mill, J. S.1806－1873）は、因果関係を3点の原則により示した。事象XとY
は、原因をX、結果をYとした時に、①XとYのあいだに関連があり連動した変化の様子が確認で
きる、②その連動した変化は、Xの変化がYの変化に対して時間的に先行している、③Yの変化は、
他の要因Zの影響ではない。以上の特徴を有す時、因果関係が成立する。

(11) **独立変数／従属変数**：心理学では、刺激が行動生起に影響すると考え、刺激を独立変数、行動を従
属変数とし、独立変数の変化に伴う従属変数の変化を確認する。実験では、独立変数を原因、従属変
数を結果とすることもでき、独立変数は要因とも表記する。独立変数が1つの実験であれば1要因デ
ザイン、2つ（例：教授法の違いと性別）であれば2要因デザインと呼ぶ。

(12) **実験条件／統制条件**：実験は独立変数の操作による条件設定をする。従属変数に影響を及ぼすよう
独立変数を操作した条件を実験条件、従属変数に独立変数の影響が及ばないよう設定した条件を統制
条件という。統制条件を基準とし実験条件に生じた変化を検討する。1要因あたりに設定する条件を
水準といい、教授法の使用不使用の比較では、水準は使用と不使用となる。

(13) **ホーソン効果**：教育現場での実験は、実験対象者が、研究に協力的な学校や研究指定校に偏ること
がある。これらの学校の児童生徒は実験に慣れているため、実験結果には、教育処遇の影響だけでな
く、実験への慣れや実験者や他校の教員など部外者からの注目による影響が交絡する。これをホーソ
ン効果（教育指定校効果）という。準実験の解釈には慎重さが求められる。

Chapter 11

グループダイナミックス

　グループダイナミックス（group dynamics）は集団力学ともいい、集団の性質の記述や分類を行うだけでなく、集団生活や集団活動において、その集団ならびに集団内メンバーの行動特性を規定している諸法則や諸要因を科学的に分析、研究する領域である。1940 年代初頭、レヴィン（Lewin,K.）によって命名され、個人や集団の行動を、それに効果を及ぼす相互依存的な諸力の関数として解明しようとする場の理論を導入し、集団現象を説明するための古典力学的な概念体系を発展させたのが始まりである。

　レヴィンは、グループダイナミックスの研究から得られた法則を、現実の人間関係にみられる葛藤（かっとう）的事態の解決や、職場、コミュニティ、学級などにおける生産性の向上のために適用する、応用科学的な社会工学を提唱した。現在一般的に知られている、企業の事業活動における生産過程や品質維持の管理業務を円滑に進める手法の PDCA サイクルも、この発展形である。PDCA サイクルとは、次の 4 段階をくり返すことによって、業務を継続的に改善することを目指すものである。4 段階は以下のような内容である。

　① Plan（計画）：現状の実態分析をし、将来の予測をし、事業計画（ビジョン）を作成する。
　② Do（実行）：計画に沿って事業計画を遂行する。
　③ Check（評価）：計画―実行のプロセスが、計画通りに展開されているのかを評価する。
　④ Act（改善）：計画通りにいっていない取り組みを検討し、計画や実行の仕方を改善する。

　この 4 段階を順次行って 1 サイクル実行したら、最後の改善策が次の計画に活かされるようにつなげ、PDCA サイクルを継続的に実施していくことで、業務を改善していくのである。取り組みに終わりがない教育実践に、マッチする手法である。

　学校は、児童生徒個々の心のはたらきや、児童生徒同士の相互作用、小グループや学級などの集団のメカニズムが顕著に現出する場であり、グループダイナミックスの果たす役割は大きい。個人の行動に及ぼすこれらの影響を理解しなければ、効果的な教育はできないからである。

1. 学 級 集 団

1. 学級集団の形成

　学級は、近代学校におけるもっとも基本的な活動の単位組織で、当初は教科指導の経済的効率と能率を上げるために、1名の教師が同時に指導する一斉授業法を実施するために組織された、一団の等質的な児童生徒の集団である。今日の学校教育では、学級における児童生徒間の相互的教育作用による、生徒指導、学習指導の側面がより重視されている。

　学級集団[1]は、学校教育の機能を達成するため人為的に編成された公式集団であり、同時に、その内部に非公式集団が存在する。その2つの側面をうまく統一させることが求められるのである。学級は最初から学級集団になっているわけではない。集まった人々のなかに「共有する行動様式」、いわゆる対人関係や集団として動く際のマナーやルールを共有する人々の集まりが集団なのである。したがって、教師は教育課程で定められた授業や活動を展開させながら、次の2点を確立させていくことが求められる。

　①学級に集まった児童生徒たちに対して、学級活動に参加させるために基本的な「共有する行動様式」を身につけさせる。

　②児童生徒同士が親和的で建設的な人間関係を形成できるようにする。

　教師が①と②の確立に取り組んでいくことが、現実的な学級集団の形成（学級集団づくり）の実際である。①と②が確立されてくると、学級は集団として成立し、さらに、児童生徒たちが①と②に自発的に能動的に取り組むようになると、学級は集団として成熟し、教育力（豊富な教育的な相互作用）のある場となるのである。

　「学級経営学」という体系化された研究領域は現在まで確立されていない。日本の教師たちが用いる「学級経営[2]」という言葉には、児童生徒への授業の実施を含め、児童生徒個々の生徒指導、教育相談、進路指導のすべてを担当しながら、児童生徒たちに関係づくりをさせながら相互交流を促して集団として組織化し、学びあう・支えあうシステムを形成して、児童生徒たちに一定レベルの学習内容を定着させる、社会性やコミュニケーション能力、道徳性や発達段階に見合った心理社会的な発達を促していく、というすべての対応の総体が含まれているのである（図11-1）。

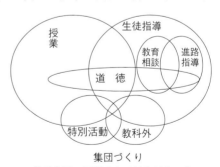

集団づくり
学級集団で展開される教育はトータル
図11-1　日本の学級集団と学級経営（河村. 2010）

2. 学級風土

　教師が一定期間学級経営（図11-1）をすることで、学級集団は、児童生徒間の相互作用、インフォーマルな小集団の分化、児童生徒たちと教師との関係などにより、特有の雰囲気が現出してくる。このような学級全体のもつ雰囲気を学級風土という。

　学級風土をも含む組織風土とは、組織や職場の日々の行動に関して、明示的または黙示的に存在している「べし、べからず」といった規則、集団規範のことである。所属するメンバーはその影響を受け、その集団特有の考え方や行動を意識的・無意識的に身につける。児童生徒は、意識する・しないにかかわらず、所属する学級集団の学級風土に大きな影響を受けていくのであり、この原理を教育は活用しているのである。

　学級活動が展開されるその土壌となる学級集団の状態は、学級風土の視点からは、支持的風土[3]と防衛的風土[4]との2つに分けられる。支持的風土の学級集団のなかで、児童生徒はさまざまな学級活動を相互に協同的に取り組むことを通して、自律・自主性、協調性、リーダーシップなどの資質が育成され、人格形成につながっていく可能性が高まるのである。

3. 準拠集団の作用

　児童生徒にとって、学級はみずからの意志とは無関係に決められた教師と他の児童生徒たちとで構成される単なる「所属集団」である。このような学級集団に外から建設的なはたらきかけが加わると、支持的風土のある学級集団となり、児童生徒たちにとっての「準拠集団[5]」となるのである。

　準拠集団とは、所属する個人に物事を判断する準拠枠を与える集団である。個人は愛着や尊敬の念をもつ人や集団に同一化して「そのような人（人々）と同じようになりたい」と欲し、その人（人々）の行動や考え方をモデリングする傾向がある。これが学習成立の第一歩である。

　つまり、支持的風土のある「準拠集団」である学級集団のなかで、その風土に同一化している級友たちと相互作用をすることで、児童生徒たちは徐々に「準拠集団」である学級集団のなかで大切にされている価値観や行動の仕方を自然と身につけるのである。学級集団づくりと児童生徒たち個々の人間育成は表裏一体で、同時進行で育成されていく、というのはまさにこの作用である。

4. 学級集団の発達過程

　河村（2012）は、児童生徒の学級生活の満足度と学力の定着度が高く、協同的で自主的な活動が成立した複数の学級集団を抽出し、学級がそのような状態に至るプロセスを、特徴あるまとまりで分類し、学級集団の発達過程[6]を明らかにした。次の5段階である。

表 11-1　学級集団の発達過程

学級集団の発達過程	教育力をもつ学級集団の構造
第一段階　混沌・緊張期	学級編成直後の段階で、児童生徒同士に交流が少なく、学級のルールも定着しておらず、一人ひとりがバラバラの状態である。
第二段階　小集団形成期	学級のルールが徐々に意識され始め、児童生徒同士の交流も活性化してくるが、その広がりは気心の知れた小集団内に留まっている状態である。
第三段階　中集団形成期	学級のルールがかなり定着し、小集団同士のぶつかり合いの結果後に一定の安定に達すると、指導力のあるリーダーがいる小集団などが中心となって、複数の小集団が連携でき、学級の半数の児童生徒たちが一緒に行動できる状態である。
第四段階　全体集団成立期	学級のルールが児童生徒たちにほぼ定着し、一部の学級全体の流れに反する児童生徒や小集団ともある程度の折り合いがつき、児童生徒たちのほぼ全員で行動できる状態である。
第五段階　自治的集団成立期	学級のルールが児童生徒たちに内在化され、一定の規則正しい全体生活や行動が、温和な雰囲気のなかで展開され、児童生徒たちは自他の成長のために協力できる状態である。

　教育力のある学級集団の構造[7]は、学級集団の発達過程では＜第五段階　自治的集団成立期＞に該当する。ただし、学級集団の状態は常にプラスの方向に発達するわけではなく、マイナスの方向に退行する場合も少なくない。退行した学級集団の状態が行きつく先が「学級崩壊[8]」という現象で、学校での教育活動が不全状態に陥ってしまうのである。

5. 教育力をもつ学級集団の構造

　学級集団はさまざまな学級活動が展開される土壌のようなものであり、土壌には、児童生徒に多くの学びをもたらす、建設的な相互作用が生起するような、支持的風土や準拠集団、自治的な集団になっている状態がある。このような教育力のある学級集団では、建設的な7つの相互作用要因（p.121. 用語解説（7）参照）が存在するような構造になっている。

2. 学級集団内の友人関係

　学級は班長や副班長などの公式の役割と、非公式な仲間関係がある。非公式な仲間関係は自然発生的であり、「好き―嫌い」といった感情的な要因で結びついている。児童生徒は学級集団内に非公式な仲間関係をもてることで、一種の安心感を獲得することができる。したがって、感情的な要因で非公式に形成された仲間関係を理解することは、学級経営上有益である。

　このような非公式な仲間関係を測定する手法として、モレノ（Moreno, J. L.）によって考案されたソシオメトリック・テスト[9]がある。ソシオメトリック・テストは、集団の成員に一定の基準によって他の成員を指名させる、たとえば修学旅行で一緒の班になりたい人・

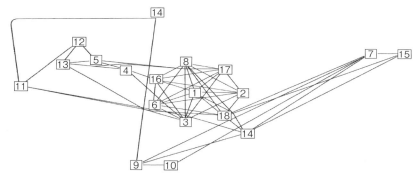

図 11-2　学級集団のソシオグラムの例 （河村・武蔵, 2019）

なりたくない人、などである。ソシオメトリック・テストで他の児童生徒から好ましい人物として指名されることを選択といい、他の児童生徒から好ましくない人物として指名されることを排斥という。この組み合わせで、成員相互間の関係は、一方が他方を指名する選択と排斥があり、両方が相互に選択しあう相互選択、両方が相互に排斥しあう相互排斥、一方は選択しているが他方は排斥している矛盾選択と矛盾排斥などとして理解される。そして、児童生徒の名前を縦軸と横軸にそれぞれ並べて明記した行列の表を作成し、そこに成員相互の選択・排斥を記したものをソシオ・マトリックスという。

　この選択と排斥（相互選択や相互排斥も含む）の数から社会測定的地位指数[10]を算出したり、ソシオグラム（図 11-2）を作成することで、学級内の個人の地位や仲間関係や下位集団がわかるのである。代表的な次のような者がいる。

　○スター（人気者）：多くの人から選択された児童生徒
　○排斥児：多くの人から排斥された児童生徒
　○孤立児：選択も、排斥もされない児童生徒
　○周辺児：選択や排斥の数が非常に少ない児童生徒

さらに、ソシオメトリック・テストで見出された学級集団のソシオメトリック構造は、集団内にどのようなグループが存在するか、孤立児・排斥児はどのくらいいるのか、人気のある児童生徒は誰かなどを、結果からとらえて学級集団の状態を理解することも可能になる。1980 年代まででは、このような学級集団の状態の理解が主流であったのである。

　しかし、ソシオメトリック・テストは友人の選択排斥を問うことが人権問題にふれるということで、今日の学校現場ではほとんど活用されていない。

　なお、児童生徒の相互間評定によって行動・態度などを評価する相反評価法であるソシオメトリック・テストと類似したものとして、ハーツホーン（Hugh Hartshorne）とメイ（Mark A. May）が考案したゲス・フー・テスト（guess who test）がある。「この学級のなかで、一番優しい子は誰ですか？」などの質問を全員に与えて、それに該当する者を報告させる方法である。ソシオメトリック・テストは、学級内における対人関係の構造を知ることが目

的とされたが、ゲス・フー・テストは児童生徒相互の評定から、教師が見落としがちな目立たない児童生徒の理解に役立つことが多いのである。ただし、ゲス・フー・テストも、児童生徒間の人間関係に悪影響を及ぼさないよう、実施や結果の利用には児童生徒の人権・倫理的配慮が必要である。

3. 教師の指導行動

1. PM型リーダーシップ

　三隅二不二によって提唱されたPM理論[11]は、教師のリーダーシップ行動を類型化するものである。P機能とM機能は別々に機能するのではなく、P機能とM機能が同時に含まれていることが前提になり、P機能、M機能の両方が強いPM型、P機能が強いPm型、M機能が強いpM型、P機能とM機能とがともに弱いpm型、といったPM式指導4類型に分類し、リーダーシップ行動の理解を可能にしているのである（図11-3）。

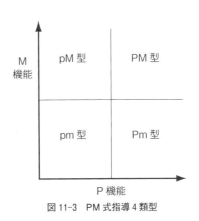

図11-3　PM式指導4類型

　1人の教師がP機能とM機能の両方を強く発揮する時（PM型）、一方のみを多く行うよりも、児童生徒の学習意欲、規律遵守および学級連帯性に対して高い相乗効果があることが報告されている。

2. 教師の勢力資源

　現代の児童生徒たちは、教師にどのような勢力を感じて、その指導に従っているのか。それを知ることができれば、児童生徒に適切に関わっていく指針が見出せる。児童生徒が認知する教師の勢力資源[12]として、代表的な7つ（p.121, 用語解説（13）参照）が指摘されている。①準拠性（教師に対する好意や尊敬の念、信頼感など）、②親近・受容性（教師に対する親近感や、自分を受け入れてくれるという被受容感など）、③熟練性（教師の専門性に基づく教え方のうまさ・熱心さなど）、④明朗性（教師の性格上の明るさ、関わることで楽しい気分になるなど）、⑤正当性（「教師」「先生」という役割や社会的な地位に基づく）、⑥外見性（美人やハンサムなど教師の外見性に基づく）、⑦罰・強制性（教師の指示に従わないと罰せられたり、成績に響くので、それを避けるために教師の指導に従うこと）である（p.121, 用語解説（13）参照）。

　児童生徒たちは1人の教師に対して、この7つの勢力資源[13]を、それぞれ別個に独立したものとしてとらえているわけではなく、小学生、中学生、高校生、それぞれ発達段階に即した特有のとらえ方がある。小学生が「教師の魅力」ととらえていた視点も、中・高

校生になると教師の人間的な魅力と、教師としての役割に対する魅力を分化して、とらえることができるようになる。さらに、先生という役割や社会的な地位に基づく正当性に関して、中学生は「教師役割の魅力」のなかに含まれ、高校生は「教師の人間的魅力」のなかに含まれる。つまり、高校生は教師の人間的な部分に「教師らしさ」を感じるのである。

（河村明和・河村茂雄）

【引 用 文 献】

河村茂雄（2010）. 日本の学級集団と学級経営　図書文化

河村茂雄（2012）. 学級集団づくりのゼロ段階　図書文化

河村茂雄（2002）. 教師のためのソーシャル・スキル　誠信書房

三隅二不二（1978）. リーダーシップ行動の科学　有斐閣

文部科学省（2010）. 生徒指導提要

田中熊次郎（1957）. 児童集団心理学　明治図書

田崎敏昭　（1979）. 児童・生徒による教師の勢力資源の認知　実験社会心理学研究, *18*, 129-138.

河村茂雄・武蔵由佳（2019）. 教育心理学の理論と実際　図書文化

用 語 解 説

(1) **学級集団**：日本の学校教育は、教科教育とともに、特別活動を中心とした教科外活動も教育課程に含め、人格の育成をその目的にしている。その学校教育の教育活動の目的が、具体的に展開される場が学級集団である。学級集団は、教師という成人をリーダーとし、同年齢の、メンバーが最低1年間固定された児童生徒によって組織された、閉鎖集団である。

(2) **学級経営**：授業の実施を含め、生徒指導、教育相談、進路指導のすべてを担当しながら、児童生徒に関係づくりをさせながら相互交流を促して集団として組織化し、児童生徒たちに一定レベルの学習内容を定着させる、社会性やコミュニケーション能力、道徳性や発達段階に見合った心理社会的な発達を促していく、というすべての対応の総体が含まれている。

(3) **支持的風土**：①級友とのあいだに信頼感がある、②率直にものが言える雰囲気がある、③組織として寛容さがあり相互扶助がみられる、④他の集団に対して敵意が少ない、⑤目的追究に対しての自発性が尊重される、⑥学級活動に積極的な参加がみられ、自発的に仕事をする、⑦多様な自己評価が行われる、⑧協同と調和が尊重される、⑨創造的な思考と自律性が尊重される。

(4) **防衛的風土**：①級友とのあいだに不信感がある、②攻撃的でとげとげしい雰囲気がある、③組織として統制と服従が強調される、④戦闘的で地位や権力への関心が強い、⑤目的追究に操作と策略が多い、⑥小グループ間に対立、競争関係がある、⑦保守的で他律性が強い。

(5) **準拠集団**：個人がある集団に愛着や親しみを感じるなどの心理的に結びつきをもち、みずからその集団に積極的にコミットしたいと考えるようになり、結果として個人が信念・態度・価値を決定する場合や行動指針を求める場合などに、判断の根拠を提供する社会集団のことである。日常生活を営む個人に、物事を判断する準拠枠を与える集団である。

(6) **学級集団の発達過程**：学級集団の状態は、児童生徒たちのあいだの相互作用、インフォーマルな小集団の分化、児童生徒たちと教師との関係、それらの変化により、その雰囲気や児童生徒たちの学級

や教師に対する感情、行動傾向などに変化が起こる。このような学級集団の状態の変化を、「学級集団の発達過程」と呼ぶのである。

(7) **教育力をもつ学級集団の構造**：①士気と集団士気が高まっている、②集団斉一性が高まっている、③自己開示性と愛他性が高まっている、④集団凝集性が高まっている、⑤集団機能・PM 機能が児童生徒から発揮されている、⑥集団圧が高まっている、⑦集団同一視の一致度が高まっている、以上の7つの要因が報告されている。

(8) **学級崩壊**：児童生徒たちが教室内で勝手な行動をして教師の指導に従わず、授業が成立しないなど、集団教育という学校の機能が成立しない学級の状態が一定期間継続し、学級担任による通常の手法では問題解決ができない状態に立ち入っている場合と定義されている。「学級」を一つの単位として集団教育する日本の学校教育では、教育活動の基盤を揺るがす問題である。

(9) **ソシオメトリック・テスト**：モレノが考案したもので、選択・排斥の基準となる具体的な場面（たとえば、席替えで誰の隣に座りたいか、等）を示し、該当する学級内の者の名前をあげさせるものである。集団構造を視覚化して把握できるよう図示したソシオグラムを作成して、学級内の個人の地位や仲間関係や下位集団を理解することができる。モレノ（Moreno, J. L. 1889-1974）アメリカ人の精神科医。サイコドラマ（心理劇）の提唱者でもある。

(10) **社会測定的地位指数**（index of sociometric social status；ISSS）：個人が学級内の他の児童生徒から受ける、被選択数、被排斥数、相互選択数、相互排斥数などから算出するものである。社会測定的地位指数の高さは、集団内のメンバーたちからの受容の指標ともなるのである。

(11) **PM 理論**：三隅二不二は、リーダーシップ行動を、「目標達成機能 Performance（リーダーシップ P 機能）」と「集団維持機能 Maintenance（リーダーシップ M 機能）」に分類し、2つの側面からとらえることを提唱し、わが国の教師の指導性の研究に一定の方向性をもたらした。三隅二不二（1924-2002）リーダーシップ「PM 理論」を提唱した社会心理学者。

(12) **勢力資源**：人が他者をある方向に行動させるような影響力は、勢力と呼ばれ、個人が他者に対して勢力をもつためには、他者がその個人に特定の勢力を認知していなければならない。他者が認知する勢力の源を勢力資源といい、児童生徒が教師の指導を受け入れるのは、教師になんらかの勢力を感じていて、実はその勢力に従っているのである。
勢力資源認知の発達的変化
小学生──教師の魅力
　　　──罰・強制性
中・高校生──教師の人間的魅力
　　　　──教師役割の魅力
　　　　──罰・強制性

(13) **7つの勢力資源**：①準拠性、②親近・受容性、③熟練性、④明朗性、⑤正当性、⑥外見性、⑦罰・強制性があり、①～⑥の勢力資源は、児童生徒は自発的に従っていくものであり、⑦はそれを避けるためという外発的なものである。

❖❖❖❖❖❖❖❖❖ 【コラム 3】学級経営におけるＱ－Ｕの活用 ❖❖❖❖❖❖❖❖❖

1. 学級経営の問題の現状

　学級経営は、学校における基本的な活動単位である学級を、児童生徒の教育的な目的に即して組織化し、教育活動を展開させていく営みである。学級集団はさまざまな学級活動が展開される土壌のようなもので、教師は児童生徒に多くの学びをもたらす、建設的な相互作用が生起するような、支持的風土や準拠集団、自治的な集団になるように、育成することが求められる。

　しかし、1990 年代後半から、授業が成立しないなど、教育活動が学級を単位として実施できないというような、いわゆる"学級崩壊"の問題が深刻化し、中・高等学校のみならず、小学校のすべての学年でもみられるようになってきたのである。学級崩壊の問題は、学級を 1 つの単位として教育を展開する日本の学校では、教育活動の基盤を揺るがす問題といえるのである。

2. 学級集団分析尺度Ｑ－Ｕの活用

　学級集団の状態を、学級内のルールの確立と児童生徒たち相互のリレーションの確立度でとらえることを提唱して開発されたのが、Ｑ－Ｕ（QUESTIONNAIRE － UTILITIES）である。Ｑ－Ｕは、信頼性と妥当性が担保されている標準化された心理検査で、児童生徒が自分の存在や行動が級友や教師から承認されているか否かを示す「承認得点」と、不適応感やいじめ・冷やかしなどを受けているかを示す「被侵害・不適応得点」の 2 つの得点から、児童生徒の学級生活における満足感を全国平均値と比較して 4 つの群に分類して理解するものである（図 1）。「被侵害・不適応得点」は学級内のルールの確立と、「承認得点」は学級内のリレーションの形成と有意な高い相関を示すので、両者の指標になるのである。

　児童生徒たちの学級生活の満足度と学級生活の領域別の意欲・充実感を測定し、〇不登校になる可能性の高い児童生徒、〇いじめ被害を受けている可能性の高い児童生徒、〇各領域で意欲が低下している児童生徒、を発見することができる。

　あわせて、学級内の児童生徒の満足度の分布状態から学級集団の状態が推測でき、学級

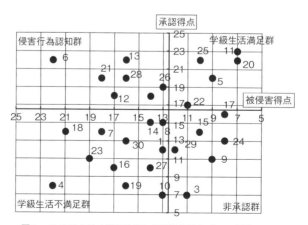

図 1　Q-U により 4 群に示される児童生徒のプロット図

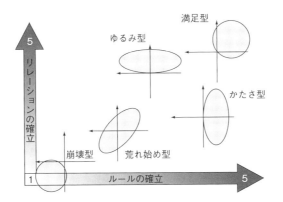

図2　Q-Uによる学級集団の代表的な状態

崩壊の予防・学級経営の指針に活用することができるのである。ルールとリレーションの両方の確立度のバランスから、主な5つの学級集団の状態像が示される（図2）。

　両方の確立度の高い学級集団（親和型）の状態が目標とする状態である。リレーションに問題がみられるのが「かたさ型」、ルールに問題がみられるのが「ゆるみ型」、崩れがみられるのが「荒れ始め（不安定）型」、崩壊状態が「崩壊型」である。

　さらに、大規模な実態調査を行い、満足型の状態に至るまでの学級集団づくりの方法論を抽出して提案し（河村, 2012ab, 2013）、この知見に基づいて学級経営の見立てと支援をしていく、というのがQ-Uを活用した活動である。

　Q-Uは小学生1～3年生用、小学生4～6年生用、中学生用、高校生用、専門学校用、大学用があり、2018年度にはQ-Uは全国で500万人を超える児童生徒、学生に活用されており、全国の県や市・町の教育センターにおいて、学級経営、生徒指導・教育相談、授業研究に関する講座で、教員研修が頻繁に行われている。

3．Q-Uを活用した学級経営の進め方

　Q-Uを活用して学級経営を進めていく教師たちは、次のプロセスをとる。

1) Q-Uを実施して担任する学級集団の状態を確認する。

2) 現状を目標とする学級集団の状態に近づけるために、学級内のルールとリレーションの確立として何をするのかを確認する。確認が必要な領域は次のような点である。

①授業の進め方、②学級活動の展開の仕方、③給食・掃除時間の展開の仕方、④時間外（休み時間・放課後）に必要な対応（個別面接・補習授業等）などである。

3) 日々の教育実践の流れに位置づけて2)を遂行していく。

　この1)、2)、3)のプロセスを、学年団の教師たちが連携して取り組むのである。

（河村　茂雄）

【引 用 文 献】

河村茂雄（2012a）．学級集団づくりのゼロ段階　図書文化

河村茂雄（監）（2012b）．集団の発達を促す学級経営──小学校低・中・高学年、中学校　図書文化

河村茂雄（監）（2013）．集団の発達を促す学級経営──高等学校　図書文化

Chapter 12

特別支援教育に関わる
障害の理解

　近年、特別支援教育は大きく変わった。2005（平成17）年12月の中央教育審議会による「特別支援教育を推進するための制度の在り方について（答申）」を受けて、2007（平成19）年4月には法改正がなされた。また同年、文科省より「特別支援教育の推進について（通知）」が出された。通常学級に在籍する発達障害のある児童生徒を含めた特別支援教育は、公にはここからスタートした。共生社会の形成に向けたインクルーシブ教育システムの構築、多様性の尊重、基礎的環境整備と合理的配慮に基づく個に応じた支援、連続性のある多様な学びの場、高等学校における通級による指導、個別の教育支援計画・指導計画の作成と活用など、新しい考え方に基づく新しい取り組みが多方面にわたり進められている。

　これに伴い、教員となるための学びにおける特別支援教育の位置づけも変わった。2019（令和元）年度より「特別の支援を必要とする幼児、児童及び生徒に対する理解」に関する科目が、教職課程で必修となった。特別支援教育に関して、専門的により広く深く学ぶ環境が整備されたといえる。

　このような状況下でとくに教育心理学分野が特別支援教育と直接関わる事項の一つとして、各種の障害概念がある。そこで本章では、学校教育と関わって見聞きすることの多い障害概念を概説する。詳細は専門書を参照されたい。教育支援資料（文科省, 2013）や国立特別支援教育総合研究所（2016）、井澤・小島（2013）等が参考となる。

　なお、本章の用語解説では、教員採用試験対策を念頭に、本文には記載していないが重要と考えられる関連用語を主として解説した。

1. 特別支援学校に関連する障害

1. 視 覚 障 害

　視覚系は「明暗知覚」「色彩」「形態視」「運動視」「両眼立体視」等の独立した下位の機能単位系から成り立っている。障害から視覚をとらえた場合、着目されるのが視力であり、物体の形や存在を認識する「形態視（中心窩の空間分解能）」が大きく関わる。視力は、2点を2点として見分ける鋭敏さである最小視覚（最小分離閾）で表される。2点間の最小の隔たりを視覚（単位：分）で求め、その逆数を視力という。視力検査では、外径7.5mmで太さと切れ目が1.5mmのランドルト環を単位指標とし、これを5mの距離から見て切れ目

の所在を見分けることのできる視力を 1.0 とする。

　視覚障害は、一般的には、盲と弱視に分けられる。教育的な観点からは、盲児は「点字を使用し、主として聴覚や触覚を活用した学習を行う必要のある者」、弱視児は「矯正視力が 0.3 未満の者のうち、普通の文字を活用するなど、主として視覚による学習が可能な者」と定義される。なお、現在「盲（めくら）」と訓読みした場合、差別語と見なされることがあり、弱視者を含めて視覚障害者と呼ぶ（関連用語解説：視覚機能訓練士[1]）。

2. 聴 覚 障 害

　ヒトが聞きうる音は、高さ（周波数で示し、単位はヘルツ：Hz）と強さ（音圧、単位はデシベル：dB）において一定の範囲（可聴範囲、聴野）に限定される。言葉を聞くために必要な音の高さの範囲（主要言語周波数帯域、500〜2kHz。子音弁別には 4kHz まで）では、最小可聴閾値（聞くことができる音の最小強度）は低く弁別能力も高く、音声の受容に適した特徴が認められる。ある特定周波数における最小可聴閾値を、その人の聴力という。しかし、最小可聴閾値のほかに、音の強さや高さの弁別、音色や音響情報の弁別、音源の方向弁別、両耳による合成・分解など聴能全般を意味することもある。

　聴覚障害は、一般的には、音の聞こえにくさ（難聴）や聞こえ方の異常がみられる場合をいう。さまざまな分類法があるが、伝音性と感音性、両者を併存する混合性が代表的である（関連用語解説：言語聴覚士[2]）。

3. 知 的 障 害

　知的障害の用語は時代とともに変遷してきた。1999 年から法律用語となった知的障害（ID: Intellectual Disability）は、医学領域の精神遅滞（MR: Mental Retardation）と同じものを指し、「知的発達の障害」を表す。精神遅滞は、一般的には、「1. 全般的な知的機能が同年齢の子どもと比べて明らかに（個別実施の知能検査で 2 標準偏差以下）遅滞し」「2. 適応機能の明らかな制限が」「3. 18 歳未満に生じる」と定義される（関連用語解説：適応行動[3]、ダウン症[4]）。

4. 肢体不自由

　肢体不自由そのものは医学用語ではなく、福祉や特別支援教育分野で使用される制度的概念である。医学的には、発生の原因にかかわらず、四肢体幹に障害のあるものをいう。分類基準には、①身体障害者福祉法施行規則別表第 5 号の「身体障害者障害程度等級表」と②学校教育法施行令第 22 の 3（特別支援学校の就学基準）がある。そこでは、肢体不自由とは「1. 肢体不自由の状態が補装具の使用によっても歩行・筆記等日常生活を営むのに頻繁に援助を必要とする程度のもの。2. 肢体不自由の状態が前号に掲げる程度に達しないもののうち、常時の医学的観察指導を必要とする程度のもの」とされる。医学的観察指導とは、特定の期間内に常に医学的な観察が必要で、起床から就寝までの日常生活の運動・動

作の指導・訓練を指す。肢体不自由特別支援学校在籍児の疾患の7割以上が脳性疾患であり、障害の重度・重複化が進んでいる（関連用語解説：脳性麻痺[5]、てんかん[6]）。

5. 病弱・身体虚弱

　特別支援教育で使用される制度的概念である。病弱に身体虚弱が含まれるとする説明もある（平賀，2013）。

　病弱は、心身の病気のために弱っている状態、身体虚弱は病気ではないが身体が不調な状態が続く、病気にかかりやすいといった状態を表す（文科省，2013）。

　学びの場ごとに、法的に定義されている。病弱特別支援学校の対象としては、「1.慢性の呼吸器疾患、腎臓疾患及び神経疾患、悪性新生物その他の疾患の状態が継続して医療又は生活規制を必要とする程度のもの。2. 身体虚弱の状態が継続して生活規制を必要とする程度のもの」である。病弱・身体虚弱支援学級の対象としては、「1.慢性の呼吸器疾患その他の疾患等の状態が持続的又は間欠的に医療又は生活管理を必要とする程度のもの。2. 身体虚弱の状態が持続的に生活の管理を必要とする程度のもの」である。通級による指導（病弱・身体虚弱）の対象は、「病弱又は身体虚弱の程度が、通常の学級での学習におおむね参加でき、一部特別な指導を必要とする程度のもの」である。2002（平成14）年の就学基準の見直しにより、従来持続の目安とされた6ヵ月以上が「継続して」と改正され、また、病気の種類もほとんどの病気がその対象となっている（横田，2002）。「病弱児」は入院中の子どもに限定されるわけではない。通常学級に在籍する病弱児もいる。

6. 重度・重複障害

　特別支援教育で使用される制度的概念であり、ある1つの障害種を表すものではない。そのため、教育支援資料（文科省，2013）には示されていない。

　「重複（ちょうふく）障害児」は、「複数の種類の障害を併せ有する児童又は生徒」であり、原則的には、学校教育法施行令第22条の3に規定される障害を複数併せ有することを指す。実際には、その必要性から、言語障害、自閉症、情緒障害を併せ有する場合も含めて考えてよいとされる。

　「重度・重複障害」は、1975（昭和50）年3月に特殊教育の改善に関する調査研究会の報告「重度・重複障害児に対する学校教育の在り方」に示された。ここでは、上記の重複障害のほかに、発達的側面からみて、また、行動的側面からみて「常時介護を必要とする程度」の者を加えている（西川，2000）。

　類似した状態像を示す用語に「重症心身障害」がある。これは、医療・福祉分野で使用されることの多い制度的概念である。重症児施設の発足により、入所対象基準として重症心身障害が法的に位置づけられ現在に至っている。法律の改正によって、施設名称から重症心身障害の名称はなくなったが、入所者の障害名としては使われる。児童福祉法第43

の4によれば、重症児は「重度の精神薄弱（知的障害）及び重度の肢体不自由が重複している児童」である。両障害の具体的な基準がないこと等により、概念は一部混乱しているといわれる（横地, 2015；岡田, 2016）。重度・重複障害の方が重症心身障害よりも範囲が広く多様な子どもを含んでいる上位概念であるという指摘もある（田実, 2007）。

■ 2. 特別支援学級・通級指導教室に関連する障害

1. 言 語 障 害

　言葉の能力は、コミュニケーション能力の基盤の上に、話し言葉（speech）の理解と発語の経験を通して形成される。話し言葉は、言語（language）が発声構音器官運動によって表現されたものである。言葉は人間の言語活動の総称として定義できる（西村, 2001）。教育分野では、言語障害は「発音が不明瞭であったり、話し言葉のリズムがスムーズでなかったりするために、話し言葉によるコミュニケーションが円滑に進まない状況であること、また、そのため本人が引け目を感じるなど社会生活上不都合な状態であること」と定義される（文科省, 2013）。言語活動全般のなかでは、speech に重点をおいた定義である。speech の障害は発声発語障害とも呼ばれる。小児期にみられる言語障害には、音声障害、構音障害、吃音、言語発達遅滞などがあげられる。

　音声（発声）障害は、声の高さ・強さ・持続・音質の四要素のいずれかの問題によって、コミュニケーションを妨げる状態を指す。構音障害では、構音器官の障害に由来する構音の異常を器質的構音障害（例、口蓋裂・麻痺性構音障害）と呼ぶのに対し、明確な原因を見出せない異常を機能的構音障害と呼ぶ。話し言葉の流れの障害の代表に吃音がある。吃音は、話し言葉の流暢さ、リズム、速度の障害のため、コミュニケーションに支障をきたすものである。language に視点をおいた言語の障害の代表に、言語発達遅滞がある。言語の構造的側面に統語論・意味論からアプローチしてきたが、語用論から言語行動の側面にアプローチし治療法・指導法が提案されている（綿森, 1982；大井, 2001）。

2. 情 緒 障 害

　発達期にある児童の適応障害のうち、知的障害以外に起因するもの全般を指して用いられてきた。医学的な病名・診断名ではなく、福祉・教育の制度的概念である。1961（昭和36）年に児童福祉法により情緒障害児短期治療施設が設置される際に、施設入所の対象としてこの名称が使われたことから始まる。そのため、神経症、小児精神病、過度の引っ込み思案のような社会的行動の障害など、さまざまな障害を含んでいる。これらのうち共通項として、情緒的表現の乏しさやゆがみ、情緒不安定などがあるものを情緒障害としている。

　学校教育法上では、2008 年 3 月までは、自閉症を包括していたが、中枢神経系になん

らかの要因による機能不全が推定される自閉症と心理的な要因による選択性かん黙症等を分けてより適切な教育的対応を図るため、同年4月より情緒障害から自閉症が分離された。現在、具体的には、「情緒障害とは、状況に合わない感情・気分が持続し、不適切な行動が引き起こされ、それらを自分の意思ではコントロールできないことが継続し、学校生活や社会生活に適応できなくなる状態（文科省, 2013）」とされる。特別支援教育分野では、現在の「情緒障害」は、選択性かん黙症などを中心とした障害としてとらえられている。

情緒障害児の教育は、病弱特別支援学校や通級指導教室で対応している場合もあるが、主として「自閉症・情緒障害特別支援学級」でなされる。前述の通り、自閉症等と心理的要因による情緒障害とは原因も対応も異なるため、それぞれの指導内容が求められる。

3. 自 閉 症

自閉症に関しては、さまざまな名称が流布している。ICD-10では、「F00～F99：精神および行動の障害」＞「F80-F89：心理発達の障害」＞「F84：広汎性発達障害」＞「F84.0 小児自閉症」に分類されている。広汎性発達障害とは、幅広く発達に歪みがある障害の分類名で、そのなかに自閉症が位置づけられている。相互的な対人関係、社会的なコミュニケーション、興味や行動の偏り（こだわり）などの3つの特徴が3歳以前に現れることが診断基準である。「F84.5：アスペルガー症候群[7]」も含まれる。文科省はICDの基準に沿って自閉症を定義している。

DSM-5[8]では、自閉スペクトラム症（Autism Spectrum Disorder：ASD 自閉スペクトラム障害）と呼ばれる。DSMでは、これまで特徴によっていくつかの診断名に分類されたが、本質的な特性は共通であり細かく分けることが難しいため、スペクトラム（連続体）として包括的にとらえる考え方に立っている。ASDには、知的障害が目立たない高機能自閉症や上記のアスペルガー症候群も含まれる。

自閉症を幅広くASDとしてとらえると、特性の強い者から弱い者までが存在し、教育機関に関しては、通常学級で学ぶ子から知的障害特別支援学校で学ぶ子までさまざまである。個に応じた適切な就学・進学相談がとくに求められる。また、ASDを中心とした発達障害の子どもは、周囲からの無理解や環境とのミスマッチ等によるストレスから、本来の特性に加えて二次的な問題（二次障害）が現れる場合がある。二次障害には、頭痛や腹痛などの身体症状、気分障害（うつ）や神経症（強迫、不安）がある。さらに、いじめや学業不振による不登校・ひきこもりのリスクも高く、注意を要する（関連用語解説：発達障害[9]）。

4. 学 習 障 害

文科省は学習障害（Learning Disabilities：LD）を「全般的な知的発達に遅れはないが、聞く、話す、読む、書く、計算する又は推論する能力のうち特定のものの習得と使用に著しい困難を示す様々な状態を指すもの」と定義している（山口, 2000）。これは、認知発達の

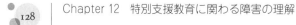

偏りから、学習能力の習得に困難があることの総称であり、教育用語の LD もしくは広義の LD と呼ばれる。

　他方、DSM-5 では、限局性学習症 (Specific Learning Disorder：SLD) とされ、下位分類には読み、書き、計算の障害のみがあげられている。ICD-10[10] では、「F81：学力の特異的発達障害 (Specific developmental Disorders of Scholastic Skills：SDD)」と呼ばれる。両者はいずれも医学用語の LD もしくは狭義の LD と呼ばれる (略語の「D」にあたる英単語が異なる)。

　読字困難が主な障害として、ディスレクシア[11] (Dyslexia) の用語が用いられる場合もある。読字に困難があると書字にも困難が生じやすいため、発達性読み書き障害と呼ばれることもある。日本には学力を評価する標準化された検査がないため、診断は難しいのが現状である。概して、「小学校低学年では1年以上の遅れ、高学年では2学年以上の遅れ」といわれる。

　学習障害は、①中枢神経系の機能障害によって、②認知 (情報処理能力) の偏りが生じ、③特定の学習能力の習得と使用に困難が生じると考えられる。自尊心や自己肯定感の低下が二次障害として生じることも多く、通常学級での個に応じた支援や通級による指導によって支援が図られている (関連用語解説：発達性協調運動障害[12])。

5. 注意欠陥多動性障害

　注意欠陥多動性障害 (Attention-Deficit ／ Hyperactivity Disorder：ADHD) は、年齢に対して不相応な不注意、多動性・衝動性がみられる場合の診断名であり、医学用語である。ICD-10 では、多動性障害 (Hyperkinetic Disorder)、DSM-5 では、注意欠如多動症と呼ばれる。

　集中力がない (離席する)、ケアレスミスが多い、忘れっぽい、自分勝手に話す・行動する (ルールを守らない)、物の管理・片づけが苦手などの困難となって現れる。これらは、本人の怠け、不真面目や努力不足と誤解されやすく、教師からの叱責や仲間からのからかいを受けやすい。短気で感情コントロールが苦手であったり、暴言・暴力を伴うこともあったりするため、周囲から孤立し自己肯定感が低下しがちである。二次障害として反抗的な態度が形成され、時には素行不良によって生徒指導の対象となるケースもある。

　バークレー (Barkley, R.A.) の自己制御モデルに基づき実行機能との関連で ADHD の行動が理解される (武藤・前川, 2000)。そこでは、①行動抑制の弱さ (強い衝動性) から、②実行機能 (executive function) の作動不全が生じ、その結果が③不注意や多動となって現れると考えられる。近藤 (2000) は、実行機能を「コトを進める力」と呼び、① (非言語的) 作業記憶、②発話の内在化 (言語的作業記憶)、③情動／感情・動機づけ・覚醒の自己調整、④再構成の4点から説明した。

　ADHD は学校生活で不適応を示すことが多い。学級経営のなかでの仲間関係作りを通した支援が必要である (関連用語解説：素行障害[13]、反抗挑戦性障害[14])。

(北島　善夫)

【引用文献】

平賀健太郎（2013）．病弱　障害児心理入門［第2版］　井澤信三・小島道生（編著）（pp.104-120）ミネルヴァ書房

井澤信三・小島道生（2013）．障害児心理入門［第2版］　ミネルヴァ書房

国立特別支援教育総合研究所（2016）．特別支援教育の基礎・基本［新訂版］　ジアース教育社

近藤文理（2000）．注意欠陥多動障害―― AD/HD について―― 心理学ワールド, 10,13-16.

文科省（2013）．教育支援資料

武藤　崇・前川久男（2000）．発達障害児（者）における自己制御機能の研究動向―― Barkley（1997）のモデルとそのモデル化に対する行動分析学的補完―― 特殊教育学研究, 38,91-96.

西川公司（2000）．重複障害児の指導ハンドブック　社会福祉法人全国社会福祉財団

西村辨作（2001）．言語発達障害総論　西村辨作（編）入門コース・ことばの発達と障害1 ことばの障害入門（pp.3-30）　大修館書店

大井　学（2001）．語用論的アプローチ　大石敬子（編）入門コース・ことばの発達と障害3 ことばの障害の評価と指導（pp.86-107）　大修館書店

岡田喜篤（2016）．重症心身障害児（者）と障害概念　岡田喜篤・蒔田明嗣（編）重症心身障害児（者）医療福祉の誕生――その歴史と論点（pp.65-80）　医歯薬出版株式会社

田実　潔（2007）．重度・重複障害　よくわかる障害児教育　石部元雄・上田征三・髙橋　実・柳本雄次（編）（pp.94-97）　ミネルヴァ書房

山口　薫（2000）．学習障害・学習困難への教育的対応――日本の学校教育改革を目指して　文教資料協会

横田雅史　病弱教育 Q&A PART I――病弱教育の道標　ジアース教育新社

横地健治（2015）．重症心身障害の概念と定義の変遷　新版重症心身障害療育マニュアル　岡田喜篤（監修）　第1章　重症心身障害児（者）の療育と理解　1.重症心身障害児（者）問題の変遷（pp.10-15）　医歯薬出版株式会社

綿森淑子（1982）．言語障害の種類　講座言語障害治療教育2 総説 II　内須川洸・笹沼澄子（編）（pp.106-131）　福村出版

用 語 解 説

(1) **視覚機能訓練士**（optometrist、オプトメトリスト）：視覚機能全般のはたらきを検査し、さまざまな機能訓練（たとえば、眼球運動訓練、両眼視訓練）によって発達を促進させる専門職。LD 児の一部には、文字や記号を視覚的にうまく処理できないことから困難が生じることも多く、こうした症状に対する専門的な支援が期待される。日本では、まだ正式な資格としては認められていない。

(2) **言語聴覚士**（speech-language-hearing therapist、ST）：言葉によるコミュニケーションの問題の検査・評価を行い、必要に応じて訓練、指導、助言等の援助を行う専門職。この問題は、失語症、聴覚障害、言語障害、構音障害など多岐にわたるため、医療、保健・福祉、教育機関等で小児から高齢者まで幅広く対象とする。平成9（1997）年に国家資格として認定された。

(3) **適応行動**（adaptive behavior）：知能測定との関連で示されることが多い概念。属する文化集団・社会がその年齢で期待する自立や社会的責任の標準に、その人がどの程度応じているかを意味する。知的障害の診断に際し、知能検査の結果のみでは不十分であり、それを補うものとして提案された。標準化された検査として、Vineland-II 適応行動尺度（2014）がある。

(4) ダウン症（Down's syndrome）：正式にはダウン症候群。23対あるヒトの染色体の21番目の過剰によって生じる先天性の疾患（21トリソミー）。かつては、蒙古症とも呼ばれた。1866年にはじめて報告したイギリスの医師ダウンの名にちなんで名づけられた。大部分は標準型トリソミーだが、転座型やモザイク（混合）型もある（約5％）。出現率はほかの染色体異常に比べて高い。

(5) 脳性麻痺（cerebral palsy）：四肢の運動や筋肉の協調性が障害された一群の病態を指す医学用語。日本では、旧厚生省脳性麻痺研究班（1968）により次の定義が代表的である。「受胎から新生児（生後4週以内）までのあいだに生じ、脳の非進行性病変に基づく、永続的なしかし変化しうる運動および姿勢の異常である。その症状は満2歳までに発現する。進行性疾患や一過性運動障害、または将来正常化するであろうと思われる運動発達遅延は除外する。」

(6) てんかん（epilepsy）：世界保健機構（WHO）によれば、種々の原因で起こる慢性の脳疾患で、大脳ニューロンの過剰な放電による反復性の発作（てんかん発作）を主な徴候とし、種々の臨床および検査所見を伴う。発作症状からは、全般性と部分性に、原因からは、遺伝性の素因が推測される特発性と脳の器質的病変が基礎疾患にある症候性とに分けられる。

(7) アスペルガー症候群（Asperger Syndrome、AS）：オーストリアの小児科医ハンス・アスペルガーが報告した「小児期の自閉的精神病質」に由来する診断名。自閉症と類似した性質がみられるにもかかわらず「知的能力が比較的高く」「一方的だが人に関心がある」などが特徴である。ICDでは、「認知・言語発達」「コミュニケーション」に顕著な特徴がみられない場合とされる。

(8) DSM-5：米国精神医学会が作成する診断マニュアル（Diagnostic and Statistical Manual of Mental Disorders：DSM）の第5版であり、2013年に出版された。アメリカ以外の国々でも広く利用されている。精神障害のみを対象としている点がICDとは異なる。行政はICDを用いるが、実際の子どもたちの診断・分類にはDSMが用いられることが多い。

(9) 発達障害（Developmental Disorder、DD）：脳（中枢神経）の高次機能の障害が発達期（乳幼児期、小児期）に生じるものの総称。発達障害者支援法（平成17年4月施行）では、「自閉症、アスペルガー症候群その他の広汎性発達障害その他これに類する脳機能の障害」と定義される。従来、教育や福祉の支援の対象ではなかった者の支援を目的としているため、すでに対象である知的障害等は含まれず、狭義の定義となっている。

(10) ICD-10：ICD-10（International Statistical Classification of Diseases and Related Health Problems. Tenth revision.）の正式名称は、「疾病及び関連保健問題の国際統計分類」である。ICDは身体疾患から精神障害にわたる網羅的な分類であり、学問の進歩によって、約10年ごとに改訂がなされ、現在は第10版が使用されている。ICD-11の国内適用は2020年以降が予定されている。

(11) ディスレクシア（Dyslexia）：読みの困難を主症状とするLD類型の1つ。読みの困難は書きの困難を伴うことが多く、読み書き障害と呼ばれることもある。全般的知能の低下や教育経験の乏しさによる問題とは区別される。読みの困難は、①文字の正確な読み、②流暢性、③読解の3つに大別される。音韻認識と視空間認知や視機能の弱さの問題が背景として考えられる。

(12) 発達性協調運動障害（Developmental Coordination Disorder, DCD）：一般的に、不器用といわれるもの。ICDでは、「運動機能の特異的発達障害」に該当する。知的障害や視覚障害、脳性麻痺などによっては説明できない運動面の不器用さである。幼児期には協調を必要とする動作を苦手とし、学齢期にはスポーツ、作業、書字、楽器の演奏が苦手など学校生活全般に影響する。LDやADHD、ASDのある子どもに多くみられる。

(13) 素行障害（conduct disorder：CD）：行為障害とも呼ばれる。社会的な規範に対する反復的かつ複数

の分野にわたる問題行動（窃盗、家出、虚言、物を壊す、けんか、動物や人に対する残虐行為など）をくり返す状態。上記の反社会的行動（非行行為）と障害とを関連づけることに対してはさまざまな議論があり、注意を要する。

(14) **反抗挑戦性障害**（Oppositional Defiant Disorder, ODD）：周囲に対して反抗的、挑戦的、拒否的な言動や態度を長いあいだくり返す状態。ADHD は、その特性から、常に周囲から叱責を受け続けると劣等感が強くなり人間不信となり、二次障害として ODD に至るリスクが高くなる。ODD から CD へ、さらにパーソナリティ障害へと至るケースもあり、適切な対応が必要である。

心理教育

1. 心理教育（サイコエデュケーション）とは

　岡林（1997）は、心理教育とは、「生徒たち（クライエント）に心理的なスキル（傾聴スキル、自己主張スキル、攻撃性対処スキルなどの対人関係スキル）を教授することに焦点を当てた教育フレームからの広い意味でのカウンセリングのアプローチ」であり、「児童・生徒におけるいじめ、不登校、その他暴力問題を含むいろいろな心の問題に対処するもの」としている。

　一方、國分（1998）は、サイコエジュケーション（國分表記のママ）を、①集団に対して、②心理学的な考え方や行動の仕方を、③能動的に、④教える方法、であるとし、「育てるカウンセリング[1]」の有力な方法であると述べている。そして、集団対象に指導的な行動をとっている教師にとってなじみやすい方法であると指摘している。

　さらに平木（2009）は、「心理教育を一言で説明すると、心理的支援と教育的支援の内容と方法の統合」であると述べている。そして、その理念として、以下の2点をあげている。

　①問題や困難を抱えている人々に心理学の発見や知識、それらを活用した対処法を伝えて、より良く生きるためのエンパワーメント（empowerment）をする。

　②そのために、心理的・社会的サポートを最大限に活用するためのプログラムを提供する。

　これらを総合すると、学校教育における心理教育とは、以下のような特徴をもつ一連の活動や技法であるといえる。

　①心理学やカウンセリングの知識・技法を活用し、児童・生徒の心理・社会面での問題の予防や成長促進を目的とする。

　②治療的なかかわりでなく、プログラムを中心とした教育的なかかわりを重視する。

　つまり、心理教育は、学校における教育相談・生徒指導（ガイダンスカウンセリング[2]）の有力な方法であるといってよいだろう。

2. 心理教育の基盤となる理論

1. 臨床心理学・カウンセリングの諸理論 (会沢, 2009)

(1) 精 神 分 析

　言うまでもなく、心理臨床やカウンセリングにもっとも大きな影響を与えた理論が精神分析である。フロイト (Freud, S.) は、私たちの心には、意識ではコントロール不可能な無意識という領域があり、その無意識こそが私たちの意識や行動に大きな影響を与えていることを明らかにした。そして、精神的な健康は、「無意識の意識化」によってもたらされるのだと考えた。

　したがって、私たちが精神分析から学べることは、次の2点である。すなわち、①人間は無意識に突き動かされる存在であり、必ずしも自分自身を意志や理性だけでコントロールできるとは限らない。②心の成長のためには、自分自身の無意識に気づくプロセスが欠かせない。心理教育に携わる者 (教師など) は、実践の前提として、この2点を深く自覚する必要があるだろう。

(2) 来談者中心療法

　カウンセリングの保守本流といえば、やはりロジャーズ (Rogers, C. R.) の来談者中心療法であろう。近年、教育相談を学ぶ教師たちのあいだでも認知行動療法、ブリーフセラピーなどの比較的新しいアプローチに関心が集まっている。そして、それらのなかでは、精神分析や来談者中心療法などの伝統的なアプローチへの批判が語られることも少なくない。

　しかし、来談者中心療法の教える傾聴の重要性や、いわゆるカウンセラーの態度の三条件 (無条件の肯定的配慮、共感的理解、自己一致) を通過することなく、教師がいきなり新しいアプローチだけを学ぶことは危険であると筆者は考えている。心理教育を実践する教師は、さまざまなアプローチを展開するベースとして、傾聴に関する体験的な演習とともに、カウンセリングの基礎・基本である来談者中心療法を一度は学ぶべきであろう。

(3) 行 動 療 法

　行動主義を背景とする学習理論に基づいた行動療法が対象とするのは、抽象的な「心」ではなく、文字通り観察可能な「行動」である。しかし、多くの場合、心理教育やカウンセリングの対象は、文字通り「心」であると考えられている。そこで、あえて「心」に注目しない行動療法は、人間味のない冷たい理論であると誤解されることも多い。

　しかし、私たちが行動療法から学ぶべきは、その徹底した科学的態度、つまり、エビデンス・ベースト (客観的な証拠＝データによってあくまでも実証的に効果を明らかにしようとすること) の姿勢である。心理教育が本当に子どもたちの成長発達に貢献するものかどうかも、なんらかのエビデンスによって明らかにされることが必要である。

(4) 認知行動療法・論理療法

　最近のカウンセリング／心理臨床の世界でもっとも注目されている理論・技法といえば、認知行動療法である。援助の対象として、観察可能な「行動」だけでなく、「認知」（ものの見方、考え方）にも焦点を当てようとするものである。

　広義の認知行動療法のなかで、心理教育の分野で幅広く活用されているのがエリス（Ellis, A.）の論理療法（論理情動行動療法：REBT）であろう。悩みや苦しみの源泉は起こった出来事ではなく、その出来事に対するイラショナル・ビリーフ（非合理的な信念）にあると考え、それをラショナル・ビリーフ（合理的な信念）へと置き換えようとするその理論は、まさに心理「教育」の名にふさわしいものである。そして、援助者自身のメンタルヘルスを保つためにも論理療法はきわめて有効である。

(5) アドラー心理学

　近年、学校教育に活かせる心理学理論として脚光を浴びているのが、アドラー（Adler, A.）によるアドラー心理学である。とくに、①ドライカース（Dreikurs, R.）による「子どもの不適切な行動の4つの目的」論、②アドラー心理学の真骨頂ともいえる「勇気づけ」、そして、③教育やカウンセリングの目標とされる「共同体感覚」の3つは、生徒指導や教育相談の基礎・基本として、すべての教師に学んでほしい考え方である。

　これはすべてのカウンセリング理論に共通することであるが、精神分析と並んでアドラー心理学は、その理論のなかにとりわけ自分自身のあり方をふり返る要素を多分に含んでいる。アドラー心理学を学ぶことで、ふだんどれだけ自分が他者を勇気づけることができているか、そして自分がどれほどの共同体感覚を有しているかを、自分自身に問わざるをえない。

(6) 解決志向ブリーフセラピー（解決志向アプローチ）

　アドラー心理学とともに、「教育に活かせるカウンセリング」として注目されているのが、解決志向ブリーフセラピー（解決志向アプローチ）である。私たちは解決志向ブリーフセラピーから次の3つのことを学べるように思われる。

　第1に、「問題と解決は異なる」というそのユニークな考え方である。第2に、質問を中心とした定型的な面接技法である。第3に、クライエントや児童・生徒の問題にではなく「リソース（資源）」に焦点を当てるという発想である。とくに、リソースへの注目は、さまざまな困難を抱えて学校生活に苦戦している子どもたちに対する三次的援助サービス（後述）において欠かせない考え方である。

2.　学校心理学

　学校心理学とは、「学校教育において一人ひとりの子どもが学習面、心理・社会面、進路面、健康面における課題への取り組みの過程で出会う問題状況の解決を援助し、子どもが成長することを促進する『心理教育的援助サービス』の理論と実践を支える学問体系」

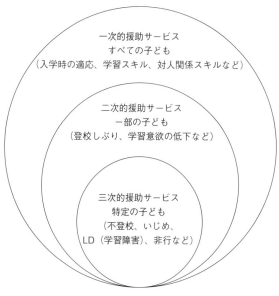

図13-1　3段階の心理教育的援助サービス （石隈, 1999）

である（学校心理士資格認定委員会, 2012）。学校心理学では、学校における子どもへの指導・支援を「心理教育的援助サービス」と表現する。

学校心理学では、心理教育的援助サービスを3段階に分けて考える（図13-1）（石隈, 1999）。

（1）三次的援助サービス

不登校、いじめ、発達障害、非行など、特別に個別の援助を必要とする「特定の子ども」に対する援助サービスである。丁寧なアセスメントをもとに「個別の指導計画」を作成し、それをもとにチームで援助を行う。

（2）二次的援助サービス

登校しぶり、学習意欲の低下、学級での孤立など、学校生活の苦戦が始まったり、転校生などの問題を抱えやすい「一部の子ども」に対する援助サービスである。子どもの苦戦が大きくならないよう予防することを目指す。

（3）一次的援助サービス

問題の有無にかかわらず、「すべての子ども」を対象とした援助サービスである。主に集団を対象として、子どもたちのより良い成長・発達を促すとともに、そのもてる力をより高めることを目指す。

心理教育は、一次的援助サービスまたは二次的援助サービスにおける主要な方法であるといえる。学校教育のなかに心理教育を位置づけるために、学校心理学の理論はきわめて有用である。

3. 心理教育の諸技法

1.『生徒指導提要』に紹介されている諸技法

心理教育には実に多様な技法、プログラムが存在する。『生徒指導提要』[3]（文部科学省, 2010）には、「教育相談でも活用できる新たな手法等」として、以下の8つが取り上げられているが、これらはいずれもわが国の学校現場で比較的広く実践されている心理教育の方

法である。

（1）構成的グループエンカウンター

構成的グループエンカウンター[4]（Structured Group Encounter：SGE）は、國分康孝によって開発された集中的グループ経験の1つである。「エンカウンター」とは、「心とこころのふれあい」を意味する。SGE とは、さまざまなエクササイズ（体験学習のメニュー）を遂行しながら、参加者同士が無理なく自己開示[5]を行うことで、ふれあいのある人間関係を体験することを目的とした、わが国を代表する心理教育プログラムである。

SGE のねらいは、「ふれあい」と「自他発見」である（片野．2004）。ふれあいのある人間関係によって、自己理解、他者理解が深まり、人格的成長がもたらされる

SGE は、①インストラクション、②エクササイズ[6]、③シェアリング[7]という流れで実施される。その中心はエクササイズであるが、SGE が重視するのはシェアリングである。シェアリングは、「エクササイズを通して感じたこと、気づいたこと」を、メンバー同士で分かちあう。このシェアリングを通して、認知の拡大や修正が起こり、自己発見が深まるとされている。

（2）ピア・サポート活動

ピア・サポート[8]とは、ピア（仲間、同僚）が相互に支えあい、サポートしあう活動である。「友だちを支えるのは友だち」という認識のもと、専門家ではなく、仲間同士での支援活動を重視する。

ピア・サポートを目的とした一連のプログラムをピア・サポートプログラムと呼び、トレーニング（傾聴をはじめ、他者のサポートを行うためのコミュニケーションスキルを学習する）、プランニング（活動自体のプランニングと、その活動に取り組むための個人プランニングがある）、サポート活動（実際の支援活動）、振り返り活動（次回に向けて活動を振り返る）の4つの要素で構成されている。

実際の活動としては、委員会型、イベント型、クラブ型、リーダートレーニング型などさまざまなタイプがみられる（栗原．2011）。

（3）ソーシャルスキルトレーニング（ソーシャルスキル教育）

ソーシャルスキルとは、「対人関係の技能（スキル）」である。子どもたちの対人関係に関わるさまざまなトラブルをソーシャルスキルの問題ととらえ、子どもたちにソーシャルスキルを積極的に教えていこうとする。

小林（2005）は、学校で学ぶべき最低限必要なスキルとして、以下の通り、4種類、12のソーシャルスキルをあげている。①基本的なかかわりスキル（あいさつ、自己紹介、上手な聞き方、質問する）、②仲間関係発展・共感的スキル（仲間の誘い方、仲間の入り方、温かい言葉かけ、気持ちをわかって働きかける）、③主張行動スキル（やさしい頼み方、上手な断り方、自分を大切にする）、④問題解決技法（トラブルの解決策を考える）。

ソーシャルスキル教育[9]の基本的な流れは、①インストラクション、②モデリング（モ

デルを示す）、③リハーサル（ロールプレイなどを通して実際にやってみる）、④フィードバック（学習の結果を振り返る）、⑤定着化（学習したスキルが日常場面で実行されるよう促す）である。

（4）アサーショントレーニング

アサーションとは、「自分も相手も大切にした自己表現」である。「さわやかな自己表現」などと呼ばれることもある。これらをトレーニングによって身につけることを目指すのがアサーショントレーニング[10]である。なお、アサーションとは単なる自己表現の技術というより、自己と他者を双方とも尊重するという人権感覚を備えた態度であるとされている（苅間澤，2014）。

アサーショントレーニングでは、自己表現には3つのタイプがあると考える。①攻撃的な自己表現（自分は大切にするが相手は大切にしない自己表現）、②非主張的な自己表現（相手は大切にするが自分は大切にしない自己表現）、③アサーティブな自己表現である。

小学校におけるアサーショントレーニングの実践として、鈴木（2002）による「ドラえもん」の登場人物を使った授業実践が知られている。これは、攻撃的な自己表現をジャイアン、非主張的な自己表現をのび太、アサーティブな自己表現をしずかちゃんにたとえ、しずかちゃんの言動をモデルにアサーティブな自己表現を学ぼうとするものである。

（5）アンガーマネージメント

生徒指導上の課題として、「キレる子」が話題となって久しい。このような子どもたちへの支援プログラムとして注目されているのがアンガーマネージメントである。

衝動的な行動を引き起こしやすい「アンガー」とは、「さまざまな感情が入り乱れ、混沌とした状態」である。アンガーマネージメント[11]には、①混沌とした心の状態を整理し、自分の欲求を理解できるようにする（自己理解）、②向社会的判断力をつける（共感性、道徳性・規範意識）、③欲求を社会に受け入れられる形で表現するためのソーシャルスキル（ストレスマネージメント、他者理解、コミュニケーション力、対立解消など）を学ぶ、という3つの目的がある。

アンガーマネージメントには、①啓発教育、②危機介入、③個別対応プログラム、の3段階がある。個別対応プログラムは、第1課程：気づき、第2課程：知的理解、第3課程：感情的な受容、第4課程：新しい行動パターンの習得、第5課程：新しい行動パターンの定着、の流れで行われる（本田，2010）。

（6）ストレスマネジメント教育

ストレスマネジメント教育[12]とは、「ストレスに対する自己コントロールを効果的に行えるようになることを目的とした教育的なはたらきかけ」である。ストレスに対する予防を目的とした健康教育という観点に立つ。ストレスマネジメントでは、ストレスをなくすことではなく、ストレスと上手に付き合えるようになることが重要であるとされ、そのような能力を主に体験学習を通して身につけることを目指す。

ストレスマネジメント教育の内容は、第1段階：ストレスの概念を知る、第2段階：自

分のストレス反応に気づく、第3段階：ストレス対処法を習得する、第4段階：ストレス対処法を活用する、の4段階からなる。

具体的な技法としては、自己コントロール法に基づく方法と対人関係に基づく技法に大別される。前者では、動作法やイメージを用いてリラクセーションを体験する技法が知られている（山中・冨永，2000）。

（7）ライフスキル教育／ライフスキル・トレーニング

ライフスキルとは、世界保健機関（WHO）により、「日常生活で生じるさまざまな問題や要求に対して、建設的かつ効果的に対処するために必要な能力」と定義されている。WHOは、重要なライフスキルして、①意思決定、②問題解決、③創造的思考、④批判的思考、⑤効果的コミュニケーション、⑥対人関係スキル、⑦自己認識、⑧共感性、⑨情動への対処、⑩ストレスへの対処、をあげている。

わが国では、主に2つの領域でライフスキル教育[13]（トレーニング）が活用されている。1つはヘルスプロモーションを目的とした健康教育の領域である。ライフスキルの獲得を通して子どもたちの自尊感情を高めることで、喫煙、飲酒、薬物、性などの諸問題に対する対処能力を身につけることを目指している。もう1つは発達障害のある子どもへの支援プログラムとしてである。梅永（2015）は、発達障害の子に身につけさせたいライフスキルとして、身だしなみ、健康管理、住まい、金銭管理、進路選択、外出、対人関係、余暇、地域参加、法的な問題、の10のスキルをあげている。

（8）キャリア・カウンセリング

キャリアとは、「人生を通じた自己発達の過程のなかで、働くことを通じて得られる人間的成長や自己実現」（木村，2014）である。学校におけるキャリア・カウンセリング[14]は、「子どもたち一人一人の生き方や進路、教科・科目等の選択に関する悩みや迷いなどを受け止め、自己の可能性や適性についての自覚を深めさせたり、適切な情報を提供したりしながら、子どもたちが自らの意志と責任で進路を選択することができるようにするための、個別またはグループ別に行う指導援助」（キャリア教育の推進に関する総合的調査研究協力者会議，2004）とされている。

キャリア・カウンセリングは、キャリア教育の一部であるとともに、予防・開発的教育相談の一環でもある。問題を抱えた子どもに対する治療的なカウンセリングとは異なる、児童生徒の成長・発達を支援する「育てるカウンセリング」という意識をもって実施することが重要である。

2．社会性と情動の学習（SEL）

近年、上記のさまざまな心理教育プログラムを総称した概念として、社会性と情動の学習（Social and Emotional Learning：SEL）が注目されている。小泉（2011）によれば、SEL[15]とは、「自己の捉え方と他者との関わり方を基礎とした、社会性（対人関係）に関するスキ

ル、態度、価値観を身につける学習」と定義される。

SEL で目指しているのは、「"知識と知性""思いやり""責任感"のある"健康"な市民」、ひと言で言えば「"良き市民"の育成」である。

SEL の学習内容は、大まかに次の4つの領域に分類されている。

①ライフスキルと社会的能力

②健康増進と問題防止のスキル

③人生移行、および危機のための対処スキルと社会的支援

④積極的・貢献的な奉仕活動

さらに、SEL には以下の5つの特徴があるという。

①"自己"が関わっている。

②"スキル"概念に基づいている。

③"態度"に関係している。

④"価値観"が含まれている。

⑤一生涯続く。

このように、SEL は学校における心理教育のすべての要素を兼ね備えたものであり、今後、さまざまな心理教育プログラムが SEL という傘の下で発展・統合していくことが期待される。

4. 学習指導要領と心理教育

平成29年告示の『小学校学習指導要領』では、以下のように、学級経営、生徒指導、教育相談の充実が謳われている（文部科学省，2018）。

第1章「総則」　第4「児童の発達の支援」　1「児童の発達を支える指導の充実」

(1) 学習や生活の基盤として、教師と児童との信頼関係及び児童相互のよりよい人間関係を育てるため、日頃から<u>学級経営の充実</u>を図ること。また、主に集団の場面で必要な指導や援助を行う<u>ガイダンス</u>と、個々の児童の多様な実態を踏まえ、一人一人が抱える課題に個別に対応した指導を行う<u>カウンセリング</u>の双方により、児童の発達を支援すること。（略）

(2) 児童が、自己の存在感を実感しながら、よりよい人間関係を形成し、有意義で充実した学校生活を送る中で、現在及び将来における自己実現を図っていくことができるよう、児童理解を深め、学習指導と関連付けながら、<u>生徒指導の充実</u>を図ること。（下線は会沢）

児童・生徒の心理・社会面での問題の予防や発達促進を目的とし、プログラムを中心とした教育的なかかわりを重視する心理教育は、上記の趣旨を達成するためのもっとも有力なアプローチであるといってよい。児童・生徒の成長・発達支援に携わるすべての教師が、

心理教育の理念と具体的方法について理解を深めることが望まれる。

（会沢　信彦）

【引　用　文　献】

会沢信彦（2009）.「心理教育」の実践に必要な基礎理論を学ぶ　児童心理, *63*（15）, 27-34.

キャリア教育の推進に関する総合的調査研究協力者会議（2004）. キャリア教育の推進に関する総合的調査研究協力者会議報告書　文部科学省

学校心理士資格認定委員会（2012）. 学校心理学ハンドブック　第3版　風間書房

平木典子（2009）. 心理教育（サイコエデュケーション）とは何か―発展の歴史、概念、意義―　児童心理, *63*（15）, 2-10.

本田恵子（2010）. キレやすい子へのアンガーマネジメント―段階を追った個別指導のためのワークとタイプ別事例集―　ほんの森出版

石隈利紀（1999）. 学校心理学　誠信書房

苅間澤勇人（2014）. アサーション・トレーニング　特定非営利活動法人日本教育カウンセラー協会（編）新版　教育カウンセラー標準テキスト　中級編（pp.132-142）図書文化

片野智治（2004）. 構成的グループエンカウンターの目的　國分康孝・國分久子（総編集）片野智治（編集代表）構成的グループエンカウンター事典（pp.18-19）図書文化

木村　周（2014）. キャリアカウンセリング　特定非営利活動法人日本教育カウンセラー協会（編）　新版教育カウンセラー標準テキスト　中級編　図書文化　pp.153-162.

小林正幸（2005）. 先生のためのやさしいソーシャルスキル教育　ほんの森出版

小泉令三（2011）. 社会性と情動の学習（SEL-8S）の導入と実践　ミネルヴァ書房

國分康孝（1998）. なぜサイコエジュケーションか　國分康孝（編集代表）片野智治・小山　望・岡田　弘（編）　サイコエジュケーション―「心の教育」その方法―（pp.8-12）　図書文化

栗原慎二（2011）. ピア・サポート　春日井敏之・伊藤美奈子（編）　よくわかる教育相談（pp.96-97）ミネルヴァ書房

文部科学省（2010）. 生徒指導提要　東京図書

文部科学省（2018）. 小学校学習指導要領（平成29年告示）　東洋館出版社

岡林春雄（1997）. 心理教育　金子書房

鈴木教夫（2002）. 小学校におけるアサーション・トレーニング②　『ドラえもん』からアサーティブな表現を学ぶ　園田雅代・中釜洋子・沢崎俊之（編）　教師のためのアサーション（pp.134-151）金子書房

梅永雄二（監修）（2015）. 15歳までに始めたい！　発達障害の子のライフスキル・トレーニング　講談社

山中　寛・冨永良喜（2010）. 動作とイメージによるストレスマネジメント教育　基礎編　北大路書房

（用　語　解　説）

(1) **育てるカウンセリング**：カウンセリング心理学者の國分康孝は、カウンセリングは治療を目的とする心理療法とは異なるとし、とくに教育現場におけるカウンセリング（教育カウンセリング）は「育てるカウンセリング」であるべきだとした。國分によれば、心理教育（サイコエジュケーション）は、「育

てるカウンセリング」の代表的方法である。

(2) **ガイダンスカウンセリング**：米国では、「ガイダンス」と「カウンセリング」が "guidance & counseling" とセットで用いられており、わが国の「生徒指導・教育相談」に相当する。そして、この「ガイダンスカウンセリング」こそがスクールカウンセリングの実体であると考えられている。わが国では、その専門資格として「ガイダンスカウンセラー」が認定されている。

(3) **生徒指導提要**：平成 22（2010）年 3 月に文部科学省から刊行された、学校・教職員向けの生徒指導に関する基本書である。「生徒指導の実践に際し教員間や学校間で教職員の共通理解を図り、組織的・体系的な生徒指導の取組を進めることができる」（「まえがき」）ことを目的としている。インターネットや携帯電話など、現代的な課題についても取り上げられている。

(4) **構成的グループエンカウンター（SGE）**：國分康孝によって開発された、わが国における心理教育プログラムの代表的技法である。リーダーが、メンバー同士の「心とこころのふれあい（エンカウンター）」を促すさまざまなエクササイズを「構成」し、本音の交流を図ることで、人間関係と自己理解とをともに深めようとする。メンバーの自己開示と、エクササイズ後のシェアリングが重視される。

(5) **自己開示**：SGE で心とこころのふれあい（エンカウンター）を体験するためには、メンバーの自己開示が必要不可欠である。リーダーは、メンバーが無理なく自己開示ができるよう、エクササイズを「構成」する。なお、最初のデモンストレーションでリーダーがモデルとなって自己開示を行うことで、メンバーの自己開示が促される。

(6) **エクササイズ**：SGE では、メンバーが体験する活動のメニューをエクササイズと呼ぶ。自己理解、自己受容、感受性の促進、自己表現・自己主張、信頼体験、役割遂行の 6 つのねらいがある。リーダーは、メンバーの状況（発達段階、動機づけ等）や物理的条件（グループサイズ、時間、場所等）に応じて、ねらいに沿ったエクササイズを「構成」する。

(7) **シェアリング**：SGE では、エクササイズ後に「感じたこと、気づいたこと」を分かちあうシェアリングを重視する。エクササイズだけではゲームであり SGE とはいえない。その目的は、メンバーの感情、認知、行動の拡大・修正である。小グループでのシェアリングや全体でのシェアリングがあるが、ワークシートを用意し個人で記入させる方法もある。

(8) **ピア・サポート**：子どもたち同士がお互いに（ピア）助けあい、思いやりのある学校風土を醸成することを目的とした活動である。ピア・サポートプログラム（PSP）は、トレーニング、プランニング、サポート活動、ふり返り活動の 4 つの要素で構成される。サポート活動では、保健委員会が悩み事の紙上相談を行うなど、既存の教育活動を活かすことが可能である。

(9) **ソーシャルスキル教育**：対人関係をスキルととらえ、プログラムによってそれを教えていこうという活動である。具体的には、インストラクション、モデリング（見本を示す）、リハーサル（やってみる）、フィードバック、般化（生活場面への応用）というステップを通して、コミュニケーション、遊び参入、受容・共感、主張、問題解決などのスキルの獲得を目指す。

(10) **アサーショントレーニング**：自己表現には、攻撃的、非主張的、アサーティブ（相手も自分も大切にする自己表現）の 3 タイプがあるとし、アサーティブな自己表現を学ぼうという活動である。小学生を対象とした、ドラえもんのキャラクター、ジャイアン（いばりやさん）、のび太くん（おどおどさん）、しずかちゃん（さわやかさん）を使った指導案がよく知られている。

(11) **アンガー・マネージメント**：アンガーとは単なる怒りではなく、さまざまな感情が入り乱れ混沌とした状態である。アンガー・マネージメントの目的は、①混沌とした心の状態を整理し、自分の欲求を理解できるようにする、②向社会的判断力をつける、③欲求を社会に受け入れられる形で表現する

ためのソーシャルスキルを学ぶ、である（本田，2010）。

(12) **ストレスマネジメント教育**：ストレスマネジメント教育とは、「ストレスに対する自己コントロールを効果的に行えるようになることを目的とした教育的なはたらきかけ」である。その内容は、①ストレスの概念を知る、②自分のストレス反応に気づく、③ストレス対処法を習得する、④ストレス対処法を活用する、の4段階からなる（山中・冨永，2000）。

(13) **ライフスキル教育**：ライフスキル教育は、より良く生きるためのライフスキルを身につけさせるプログラムであり、健康教育で活用されている。具体的には、自尊感情や目標設定、意思決定、コミュニケーション、ストレスマネジメントなどのスキルを獲得することを目指す。喫煙、飲酒、薬物、性などの諸課題に対処する方法として用いられている。

(14) **キャリア・カウンセリング**：キャリア教育の一環として、児童・生徒の生き方や進路選択に関する悩みや迷いを受け止め、自己の可能性や適性についての自覚を深めさせ、みずからの意志で進路選択ができるようにするための個別またはグループで行われる指導援助である。単なる進路情報の提供にとどまらず、児童・生徒の自己理解を深めさせる支援が重要である。

(15) **SEL-8S**：SELのなかで、5つの基礎的社会的能力（自己への気づき、他者への気づき、自己のコントロール、対人関係、責任ある意思決定）および3つの応用的社会的能力（生活上の問題防止のスキル、人生の重要事態に対処する能力、積極的・貢献的な奉仕活動）の育成を目指した学習プログラムである。目的、校種に合わせた多様な教材が開発されている。

生徒理解のための心理検査・アセスメント

1. アセスメント（心理査定）とは

1. アセスメントの目的

　教育上の指導を行う場合にも、心理的な支援を行う場合にも、まずはその子どもを深く理解することが不可欠である。一般に、支援を行う対象となる人の心理的な状態や特性について情報を収集し、分析し、評価することを、アセスメントまたは心理査定と呼ぶ。アセスメントは臨床心理学の領域などで行われることが多いが、そこでは、適応上の問題を抱えたクライエントの心理状態を把握し、その状態の軽減や回復のためにどのような介入を行えばよいかの検討が行われる。もちろん、教育場面ではこうした介入が必要となることは多くないかもしれないが、子どもの状態像を適切に把握し、必要な支援や指導を選択するための方法としてのアセスメントは、教育においても重要なものである。

　アセスメントの大きな目的は、子どもに効果的な支援や指導を提供することである。子どもへのアセスメントを行う目的や意義を、谷口（2018）は表 14-1 のようにまとめている。アセスメントは、単に子どもの状態や課題を探るためだけに行われるのではない。その子どもが抱えている課題と関連するさまざまな要因を明らかにし、課題解決のためにどのような資源を利用できるかを分析し、それらを支援者間で共有することが必要である。

表 14-1　アセスメントを行う目的（谷口, 2018, p.154 から筆者が作成）

・対象となる人の状態を正確に理解し、関係者のあいだで理解の共有を図る
・本人の成長、発達を見通し、課題を明らかにする
・本人が抱える課題に関与する（本人と周囲の）要因を明らかにする
・課題解決に動員できる環境資源を明らかにする
・課題解決への目標と手順を明確にし、共通理解を形成する

2. アセスメントの視点

　子どもを理解する枠組みには、医学的な視点、心理的な視点、社会的な視点、そして発達的視点などがある。これらの視点の 1 つだけに偏るのではなく、総合的に子どもを理解することが、より良い子どもの支援につながる。

　医学的視点は、子どもの抱える課題を心身の不調といった観点から調べ、疾病の有無や

その種類を明らかにすることを目指すものである。その際、DSM⁽¹⁾、ICD⁽²⁾といった客観的な診断基準などを知っておくことが必要である。

心理的な視点とは、子どもの抱える課題を行動や心理状態などから検討するものである。子どもの行動パターンにはそれぞれ特徴があり、認知や情動といった心理的なメカニズムによってそれらが支えられているととらえることができる。

社会的視点とは、子どもを中心とした環境のなかで子どもの課題をとらえるという考え方である。子どもの心身の状態や行動は、家族や友人関係といった、彼らを取り巻く環境の影響を受けている。さらに、家庭の経済状況や学校職員間の関係、地域とのつながりなども、子どもの課題と関係していることがある。

最後に、発達的な視点とは、子どもを時間的変化の観点から理解するものである。子どもの抱える課題は、その子どもがどのように発達してきたかと密接に関連していることが多い。発達のアセスメントを行う際には、上述した3つの視点それぞれを意識し、発達に伴って子どもの身体、心理、環境がどのように変化してきたかをとらえることが求められる。

2. アセスメントの方法

1. アセスメントの流れ

アセスメントにおいては、子どもの情報をやみくもに収集するのは避けなければならない。子どもの抱える課題の背景にどのような要因があり、どのように課題が形成、変化してきたのかについて仮説を立て、それを検証するための情報を収集することが不可欠である。

子どものアセスメントを行うには、まず、そもそもアセスメントを行うことが妥当かどうかという検討から始める必要がある。その上で、どのような情報を得るべきなのかを吟味し、子ども本人や保護者、他の援助者などから情報を得る段階に進む。この時、子どもの課題について仮説を立て、どのようなアセスメントを行うのかを並行して検討し続けることも必要とな

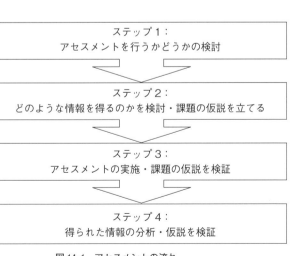

ステップ1：
アセスメントを行うかどうかの検討

ステップ2：
どのような情報を得るのかを検討・課題の仮説を立てる

ステップ3：
アセスメントの実施・課題の仮説を検証

ステップ4：
得られた情報の分析・仮説を検証

図14-1　アセスメントの流れ

る。そして、得られた情報から子どもの抱える課題に関連する要因を探るという仮説検証作業を経て、実際にどのような援助が効果的なのかを判断することとなる（図14-1）。このような一連の手続きによって、ケースの見立て[3]を行うことができる。

2. アセスメントで収集する情報

アセスメントで収集すべき情報は、子どもの抱える課題や状態がどのようなものかによって異なる。しかしながら、表14-2で示すような項目は、多くのケースにおいて有益な情報であることが多い。そのなかでもまず得るべき情報は「主訴」である。これは、子どもが何に困っているのか、どういうことが課題となっているのかという情報である。ただし、子どもの課題においては本人が「困っている」という感覚をもたないこともある。その場合には、本人の周囲にいる家族や教職員などが課題だと感じていることを聞くことが重要となる。しかしながら、こうした情報はあくまで「周囲の」人間の見方であり、実際に子どもが抱えている課題とは一致していない可能性があることにも注意が必要である。

また、子どもの課題を考える上で成育歴は重要な情報である。家族構成を図にしたジェノグラム[4]や、出産から現在までの様子を把握することは、子どもの状態の変化を把握するのに役立つ。それ以外に、医学的な情報として現在の体調や既往歴、心理的な情報として子どものパーソナリティや行動傾向なども、支援を行うために考慮が必要となる情報で

表14-2　アセスメントで収集する基本情報（西尾, 2019）

基 本 情 報	・氏名、年齢、性別 ・現在の職業・学校
主訴（現病歴）	・相談に至った経緯、問題の開始時期やきっかけ ・他機関の利用状況、相談歴
成育歴（既往歴）	・出生前・出生時：母親の妊娠・出産時のトラブル、出生体重 ・乳幼児期：身体発達、言語発達、社会性の発達、保育所・幼稚園における適応状況および先生から指摘されたこと ・就学以降：健康状態、学習状況・成績、教師や友人との関係、部活動や課外活動、小中学校・高校における適応状況および先生から指摘されたこと ・病歴や障害の有無
身体的側面	・病気や疾病、身体症状 ・睡眠、食欲の状態、その他健康面での特記事項
心理的側面	・精神症状 ・認知や言語等の知的側面 ・情緒や情動の側面 ・趣味や嗜好、性格
社会的側面	・過去から現在までの家族歴：親、兄弟、配偶者、子どもの状況 ・職歴、経済状況、地域のサポート資源の利用状況 ・友人、職場、支援者などとの対人関係
他機関からの情報	・(他機関からの紹介がある場合のみ) 諸検査結果、現在までの経過
非言語の情報	・姿勢、しぐさ、視線、表情 ・見た目（服装，持ち物など）

あろう。

3. アセスメント面接

アセスメントにおける情報の収集は、面接や観察、心理検査など、さまざまな方法で行われる。心理検査については次節で述べるため、ここでは面接と観察についてまとめてみる。

面接は、アセスメントにおけるもっとも基本的な方法である。子どもの課題についての相談があった場合には、まず表14-2で述べたような情報を得るための面接を行う。これをインテーク[5]と呼ぶ。面接法は、質問内容や手順が決まっている程度によって、構造化面接、半構造化面接、非構造化面接の3つに分けられる。構造化面接は、あらかじめ質問内容やその順序が決まっており、これらを変更したりそれ以外の質問を行ったりすることはできない。半構造化面接では、質問内容をあらかじめ決めておくが、臨機応変にその内容や順序を変えたり、事前に決めていなかった質問を行ったりすることができる。非構造化面接は、事前に質問などを決めずに自由な対話によって行われる面接である。アセスメントでは主に、構造化面接や半構造化面接が用いられる。

4. 行動の観察と評価

面接を用いた情報だけでは、しばしば子どもの状態を把握するのに不十分なことがある。そういった場合には、子ども本人の観察を行うことが有効となることも多い。

観察にはいくつかの種類がある。まず、観察する状況の設定によって、自然観察法と実験的観察法に分けられる。前者は子どもの自然な場面を観察する方法であり、後者は特定の状況や課題を設定してそれに取り組む子どもの様子を観察する方法である。また、子どもへの関わり方によって、参与観察[6]と非参与観察に分けることもできる。参与観察は、観察者が子どもと直接関わりながら観察を行う方法であり、非参与観察では、観察者は子どもと関わることなく観察することに徹する。

観察法は、主観に左右されやすい、観察者の注意の程度によって多くの情報を得ることが制限されるといった欠点がある。そのため、観察を行う際には、観察する場面や時間、注目する行動などを、視点として事前に決めておくことが必要である。

5. 結果のまとめと解釈

面接や観察、次節で述べる心理検査などによって情報を得られたら、それらの意味を解釈したり分析を行ったりする手続きに入る。くり返すが、この時、事前に立てていた子どもの状態についての仮説を検証することが必要である。それによって、その子どもにどのような支援ができ、どの程度その支援が有効なのかなどを吟味することができる。

多くの場合、子どもの支援は教職員や他の専門職がチームとなって取り組むことが期待

されており、学校にあっては「チームとしての学校」[7]と呼ばれる（文部科学省, 2015）。そのため、アセスメント結果を支援に役立てるためには、子どもを支援する人々とそれらを共有することが重要となる。

3. 心 理 検 査

1. 知的側面のアセスメント

表14-2のうち「心理的側面」のアセスメントには、この節で述べる心理検査を用いることができる。心理検査には、知的側面をみるもの、発達過程をみるもの、パーソナリティや行動をみるものがある。

知的側面のアセスメントに用いられるのが知能検査である。知能検査は、1905年にビネー（Binet, A.）が開発して以来、多くの改良を経て発展してきた。ビネーが開発した知能検査は「ビネー式検査」と呼ばれる。これは、記憶や推論など知能を測定できる問題が難易度順に配列され、各問題には子どもが正答できる年齢を示す「年齢級」が定められている。これによって、子どもがどの問題まで正答できたかによって「精神年齢」を導き出し、そこから知能指数（IQ）[8]を算出する。

一方、ウェクスラー（Wechsler, D.）は、知能をさまざまな能力の総体としてとらえ、知能を構成する各能力を測定できる知能検査を開発した。この「ウェクスラー式検査」には現在、成人用のWAIS、児童用のWISC、幼児用のWPPSIの3種類があり、たとえばWISCでは、IQのほかに言語理解や知覚推理、ワーキングメモリ、処理速度という4つの指標を測定することができる。

2. 発達過程のアセスメント

子どもの発達をとらえる際には、知的能力だけでなく身体、運動、情緒など、さまざまな側面をとらえる必要がある。発達過程をとらえる検査は、乳幼児を対象としたものが多く、養育者への聞き取り面接によって実施できるものと、知能検査のように子どもに課題に取り組んでもらうものとがある。前者の代表としてはKIDS乳幼児発達スケールや津守式乳幼児精神発達診断検査などがある。KIDSは、対象年齢などによって異なる4種類の質問紙があり、運動、言語、社会性、しつけなど9領域の発達の度合いを測定できる。津守式では、運動、探索・操作、社会、食事・排泄・生活習慣、理解・言語の5領域の発達を測定できる。一方、後者としては、新版K式発達検査や日本版デンバー発達スクリーニング検査（JDDST）などがある。新版K式では、姿勢・運動、認知・適応、言語・社会の3つの領域について検査できる328の項目からなり、子どもの年齢によって手順に従い検査を行う。成人への実施も可能である。一方JDDSTは、個人・発達、微細運動・適応、

言語、粗大運動の4つの側面の発達を測定できる。また並行して、養育者への聞き取りを行う質問紙もセットになっている。KIDSや新版K式では、子どもの全体的な発達を示す発達指数[9]が算出される。

　さらに、子どもの発達全般をみるのではなく、特定の領域を詳細に把握するための検査もある。たとえばITPA言語学習能力診断検査は、言語を中心としたコミュニケーションに必要な機能の発達を調べることができる。検査は言葉の理解、絵の理解、言葉の類推、絵の類推など10の下位検査からなり、3歳から9歳11ヵ月の子どもに行うことができる。一方KABC-II心理教育アセスメントバッテリーは、子どもの認知能力と習得度の両方を測定することができる検査である。前者を測定する11の下位検査と後者を測定する9の下位検査からなり、2歳6ヵ月から18歳11ヵ月までの子どもに実施が可能である。

3.　パーソナリティと行動のアセスメント

　上述した検査以外にも、パーソナリティや行動傾向を測定するためのさまざまな心理検査がある。心理検査には、質問紙法と投影法、作業検査法の3種類がある。

　質問紙法は、行動や傾向を問ういくつかの質問をセットにして、それらがあてはまる程度を答えてもらう方法である。代表的な質問紙法としては、YG性格検査やMMPI、MPIなどがある。YG性格検査は、ギルフォード（Guilford, J. P.）の性格理論に基づいて矢田部達郎によって開発された検査であり、12のパーソナリティの側面を測定する120項目で構成されている。下位尺度の得点から全体的なプロフィールが得られ、それに基づいて性格をアセスメントできる。一方MMPI（Minnesota Multiphasic Personality Inventory: ミネソタ多面人格目録）は、ミネソタ大学のハザウェイ（Hathaway, S. R.）とマッキンレー（McKinley, J. C.）によって開発された、550項目からなる検査である。10の性格傾向を測定できるほか、虚偽の回答を検出したりできる妥当性尺度も含まれている。さらに近年、外向性、神経症傾向または情緒不安定症、調和性、誠実性、開放性という5つの側面で性格を把握するビッグファイブの理論をもとに、NEO-PI-Rなどの質問紙も開発されている。質問紙法は実施や分析が容易で客観的なデータが得られる反面、結果をゆがめられる可能性や表面的な心理しか測定できないといった短所もある。

　投影法は、あいまいな刺激を呈示したり、描画など非言語的な課題を行わせたりすることでパーソナリティを理解する方法である。たとえばロールシャッハテストでは、左右対称のインクのしみが描かれた10枚の絵を見せて、それらが何に見えるか、なぜそう見えるのかを答えてもらう。得られた答えは記号化、数値化されると同時に、質的な分析とあわせてパーソナリティの理解を図る。そのほかに、マレー（Murray, H. A.）が開発した主題統覚検査（TAT）では、あいまいな絵を見て物語を述べてもらう。また、ローゼンツァイク（Rosenzweig, S.）が作成したP-Fスタディは、欲求不満場面を描いた絵を見せて、空白のせりふに反応を書いてもらうことでパーソナリティを把握する。さらに、描画による

パーソナリティ検査もあり、たとえば、1本の実のなる木を描いてもらうバウムテストなどがある。投影法は内面を探るのに適している、検査の意図を見抜かれにくいといった特徴がある一方、実施や分析に熟練を要する、理論的背景があいまいであるといった批判もある。

　作業検査法は、ある一定の作業を行わせ、その結果からパーソナリティを把握する方法である。内田クレペリン精神検査では、隣りあう数字の和を連続して計算するという課題を通して、作業量などの結果からパーソナリティを把握する。

　一般的に、心理検査を1つ行うだけでその人のパーソナリティを把握することは難しい。いくつかの検査でテストバッテリー[10]を組むと同時に、面接や観察で得られたデータとあわせて、多面的な理解を目指すことが重要である。

4. アセスメントを行うための倫理

1. 誰のためのアセスメントか

　ここまで、アセスメントの目的、方法、用いられる検査について解説してきたが、アセスメントが子どものために行うものであることは肝に銘じなければならない。いたずらに検査を行うことや、支援者の興味からアセスメントを行うことは、子どものためにならないばかりか有害ですらある。アセスメントを行う時、子どものエネルギーと時間を費やしていることを常に意識し、子どもに支援という形で還元することを忘れてはならない。

2. 児童・生徒の人権と尊厳を守る

　アセスメントは子どものプライベートな側面に入り込む行為であり、子どもや家族の人権と尊厳を守ることは必須である。たとえば、アセスメントの目的や方法など事前に説明して実施の同意を得る「インフォームド・コンセント[11]」は重要である。その際、子どもの理解度に応じた説明を行いつつ、子どもの意思を尊重することが必要である。それと同時に、アセスメントは「児童の最善の利益[12]」という観点に立って行うことも自覚すべきであろう（窪田, 2017）。

3. フィードバックと結果の共有

　アセスメントによって得られた結果は、基本的に本人や家族へフィードバックすることが求められる。この時に注意しなければならないことは、子どもへのフィードバックの際には本人の理解度に配慮しながら真摯に伝えるという姿勢をもつことである。また家族へのフィードバックにあっては、伝える結果の内容によっては家族がショックを受ける可能性もあることから、家族の心情に十分に配慮して結果を伝えることが不可欠である。

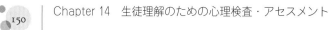

すでに述べた通り、アセスメント結果を支援に役立てるためには、子どもを支援する教職員や専門職がそれらを共有していることが重要となる。一方で、結果を共有する時には、専門職として知りえた情報を他者に漏えいしてはならないという守秘義務[13]があることも忘れてはならない。たとえば、臨床心理士が遵守すべきとされている「日本臨床心理士会倫理綱領」第2条には、守秘義務を第一の原則とし、面接を録音、撮影したり、それらを開示したりする場合は来談者の同意を得なければならないことが定められている。また、公認心理師[14]法には、守秘義務に反した場合には罰則が定められている。

　このように、学校などの現場においては、情報共有と守秘義務とのバランスをどのようにとるかが大きな課題となる。これを解決するためには「集団守秘義務[15]」という考え方が役立つ。集団守秘義務を実践するためには、個々のメンバーがもっている情報のうちどの情報を共有するかや、情報を外部に開示する条件、さらには、どの情報をいつ、どのように開示するかなどについて、チーム内で共通認識を作ることが重要であろう。たとえば、子どもがA先生に話したことをチームの情報共有でB先生が知っていたとしても、B先生が子どもの前でその情報を「知っている」ようにふるまうことは、先生への不信感を招く場合もある。アセスメントによって得た情報はすべて個人情報にあたるため、細心の注意が必要である。

　また、子どもへの支援においてより専門的なケアが必要であると判断できる場合には、外部の専門機関と連携することも考えられる。学校が連携することの多い専門機関としては、教育委員会が設置する教育相談室や適応指導教室、特別支援学級、児童相談所、医療機関などがある。たとえば、アセスメントにおいて心理検査が必要だと校内で判断された場合でも、学校の教職員が実際に検査を行うことは求められていない。スクールカウンセラーが学校の依頼を受けて実施する場合もあるが、地域によっては制限されている場合もある。そのようなときには、地域の教育相談センターから教職員が派遣されて学校で検査を実施するか、センターに保護者と子どもが出向いて検査を受けるといったことが多い。また、より専門的な検査が必要という場合には、児童相談所や医療機関などにつながることもある。このように外部機関と連携する際には、チーム内での十分な検討ののちに行うこと、子どもや保護者に丁寧に説明し同意を得ること、連携先となる機関との情報共有と集団守秘に配慮することなど、さまざまな点に注意する必要がある。とくに、子ども本人や保護者に対しては、外部機関を紹介されることが「学校から見捨てられた」といった心情につながらないようにしなければならない。そのためには、子ども、保護者の意思や感情を理解することに努めつつ、「学校と教師は子どもを支援する存在であり続ける」ことを伝えた上で、連携について納得してもらえるようにすることが重要であろう。

（小山内　秀和）

【引 用 文 献】

窪田由紀 (2017). 子どもの心理支援に関係する法と倫理　津川律子・元永拓郎 (編)　心理臨床における
　　法と倫理 (pp.39-56)　放送大学教育振興会

文部科学省中央教育審議会 (2015). チームとしての学校の在り方と今後の改善方策について　(http://
　　www.mext.go.jp/b_menu/shingi/chukyo/chukyo0/toushin/__icsFiles/afieldfile/2016/02/05
　　/1365657_00.pdf)

西尾祐美子 (2019).　心理的アセスメント　古見文一・小山内秀和・樋口洋子・津田裕之 (編) はじめて
　　の心理学概論──公認心理師への第一歩 (pp.152-158)　ナカニシヤ出版

谷口　清 (2018).　発達臨床心理学──脳・心・社会からの子ども理解と支援　遠見書房

用 語 解 説

(1)　**DSM**：米国精神医学会が公表している「精神疾患の診断・統計マニュアル (Diagnostic and Statistical Manual of Mental Disorders)」。精神疾患を操作的に診断するための基準や臨床象、疫学といった情報が記載されており、アメリカだけでなく ICD とともに世界的に用いられている。数度の改訂が行われており、現在用いられているのは第 5 版の DSM-5 (2013 年) である。

(2)　**ICD**：世界保健機関 (WHO) が公表している「疾病および関連する健康問題の国際統計分類 (International Statistical Classification of Diseases and Related Health Problems)」。精神疾患だけでなく身体疾患を含めた疾病全体を網羅しており、国際的な統計や医学研究にも用いられているほか、国内でも診断基準として広く用いられている。現在の ICD-10 に代わり、改訂版の ICD-11 が 2019 年に採択され、2022 年から使用される。

(3)　**ケースの見立て**：子どものもつ課題を全体的に明らかにして、支援や指導の方向性を決定すること。アセスメントによって得た情報をもとに、課題の機序や背景要因、関連要因、さらには支援に利用できる環境的リソースや本人のもつ健康的な側面を総合的に評価し、どのような支援を行うのが良いかを検討する。ケース・フォーミュレーションとも呼ばれる。

(4)　**ジェノグラム**：子どもや相談者の家族歴を家系図のような図として整理したもの。男性を□、女性を○、婚姻、パートナー関係を横線、親子関係を縦線で表すなど、一定の方法で視覚的に家族関係を理解する。多くの場合、面接を通して家族について聞いていきながら作成する。成育歴などと合わせて検討することで、子どもや本人を取り巻く環境を多角的に理解できる。

(5)　**インテーク**：子どもや相談者との最初の面接時に行う、主訴に関する情報を得るための面接。受理面接、初回面接とも呼ばれる。アセスメント面接における最初の段階であると同時に、子どもの課題を理解するためにもっとも重要なプロセスとなる。インテークのなかで、表 14-2 に掲げる情報の多くを取得することを目指す。

(6)　**参与観察**：観察法の 1 つであり、観察者が観察対象となる子どもと直接関わりながら観察を行う方法。参加観察法と呼ぶこともある。自然観察法での代表例として、子どもと一緒に遊びながら観察を行うといったことがあげられる。一方、実験的観察法はほぼすべてが参与観察法であり、心理検査も参与観察法の 1 つと考えられる。

(7)　**チームとしての学校**：中央教育審議会が 2015 年に答申としてまとめた、学校における子どもを支援する方法の枠組み。教職員が個々に教育活動を行うだけでなく、学校長のリーダーシップのもとで、学校全体が組織として教育活動に取り組む。さらに、心理や福祉の専門職がスタッフとして参加するとともに、専門機関と連携して学校の機能を強化することが示されている。

(8) 知能指数：知能の個人差を表す指標。IQ はターマン（Terman, L. M. 1877-1956）によって考案され、「精神年齢／生活年齢× 100」という計算式によって求められる数値であった。この時、実際の年齢と精神年齢が同じであれば IQ は 100 となる。一方、近年の知能検査では、検査得点が正規分布に従うという仮定に基づいて、平均を 100、標準偏差を 15 に調整した偏差 IQ で表される。

(9) 発達指数：子どもの発達全般の程度を示す指標。DQ と呼ばれる。DQ も IQ と同様に、発達検査の得点から「発達年齢」を算出し、「発達年齢／生活年齢× 100」によって算出されるが、近年では確率分布に基づいた偏差 DQ による計算も採用されるようになっている。

(10) テストバッテリー：心理検査の組み合わせのこと。子どもを多面的、全体的に理解するために、1 つの心理検査のみからアセスメントを行うのではなく、知能検査と描画検査を組み合わせるといったように、複数の検査を行うことが多い。検査の選択には、低年齢の子どもには施行が難しい質問紙法や一部の投影法検査などを避けるといった配慮も重要である。

(11) インフォームド・コンセント：患者や相談者に対して、専門職として行う支援や介入について十分に説明を行い、実施の同意を得ること。医療分野だけでなく、福祉、心理、教育など、対人援助のさまざまな場面で不可欠な手続きとされている。子どもを対象とする際には、子どもが確実に理解できる説明を行うことや、養育者などからも同意を得るなどの配慮が必要である。

(12) 児童の最善の利益：「児童の権利に関する条約」第 3 条第 1 項に定められている、子どもに関する施策や支援を行う上での原則。「児童に関するすべての措置をとるに当たっては、公的若しくは私的な社会福祉施設、裁判所、行政当局又は立法機関のいずれによって行われるものであっても、児童の最善の利益が主として考慮されるものとする」と規定されている。

(13) 守秘義務：職務上知りえた他者の秘密を、他の人物に漏らしてはならないという義務。刑法や国家公務員法などさまざまな法令で定められており、違反した場合、秘密漏示罪などに問われることもある。医師、薬剤師、弁護士など多くの専門職に守秘義務が課されているが、児童虐待の通告は守秘義務違反とならないなど、例外の規定も定められている。

(14) 公認心理師：公認心理師法により定められた、心理職の国家資格。心理的な援助を必要とする人の心理状態を観察しその結果を分析すること、心理に関する相談に応じ助言、指導などの援助を行うこと、援助を必要とする人の関係者に対して助言、指導などの援助を行うことなどが業務として定められている。2019 年度から制度がスタートした。

(15) 集団守秘義務：対人援助などにおいて、援助に関わるメンバー全員が情報を共有する際、その情報について集団として守秘義務を負うという考え方。医療、福祉、教育など、チームでの支援が必要な場面などで鍵となる。チームに多様な専門職が入る場合、それぞれの職業倫理の違いなどから守秘義務の考え方が異なることもあるため、メンバー相互の理解が重要となる。

学校における理論の応用

　授業中は、教師の説明を集中して静かに聞くことができる。わからない時には、率直に質問し、必要な時は活発に発言する。子どもたちは仲が良く、行事の時には協力して頑張り、盛り上がる。教師を志す人が思い描く学校の教室や児童生徒は、こんな様子かもしれない。しかし現実に学校で出会うのは、このような子どもたちばかりではない。

　授業中におしゃべりが止まらない、すぐに友だちとけんかする、忘れ物が多い、宿題をやってこない、何度教えてもわからないなど、教師の立場から見て「困った子ども」と出会うことも多い。そのような児童生徒に出会った時に、教師はどのように指導するだろうか。厳しく叱責して本人の自覚を促すことで、状況が改善することもあるだろう。しかし反発を受け、かえって状況が悪くなる可能性もある。

　指導する前に、できれば受容的、共感的な態度[1] で児童生徒の話を聞いてほしい。叱責ではなく、なぜそのような行動をしてしまうのかを理解しようとする教師の姿勢があれば、子どもたちは心を開いてくる。そして話を聞くなかで、子どもたちが、さまざまな困難を抱えて、実は「困っている」ことに気づくことがある。その子どもたちをどう見るか、どう理解するかに、教育心理学のさまざまな理論が助けになることが多い。そしてその理論を通じて、子どもへのアプローチの仕方を探ることができるのである。

1. 学力不振の児童生徒への対応

　学力不振の要因はさまざまである。その児童生徒の能力的な問題はもちろん要因の1つだが、それ以外にも疑ってみることが必要な要因はいくつもある。教師の教え方と児童生徒の学び方のスタイルの不一致にも注意しなければならない（神奈川県立田奈高等学校, 2011）。

　【事例1】中学校1年生のAさんは、正と負の計算が苦手だ。公式として覚えて練習を積み、その時はできるようになるのだが、時間が経つと忘れてしまい、できなくなることをくり返している。Aさんの学習スタイルは、視覚、聴覚よりも、運動感覚が優位である。−3＋5＝−8と答えたAさんに、その場で−なら左へ、プラスなら右に歩いて、計算を身体を使って行うことを提案した。左に3歩、右に5歩、実際に歩いたAさんは、顔を輝かせて「わかった！2」とにっこりした。その後歩く感覚を数直線上で応用できるようになり、Aさんは正と負の計算ができるようになった。

聴覚優位か、視覚優位か、あるいはＡさんのように運動感覚が優位な生徒もいる。教師が、どの感覚が優位な生徒にも対応できるように、どれだけ豊富な教え方をできるかが重要である。たとえば、高校の教室で、教師が延々と説明しているうちに、生徒が次々と机に突っ伏していってしまう状況に出会うことがある。聞くことのみ、つまり聴覚からの刺激を長時間受けるだけで理解できる生徒は少ない。図や表を用いるなど、視覚的な情報を一緒に提示することが理解の助けになる。授業を改善する第１歩は、児童生徒の「わからない」という声に出会った時に、教師の出す情報が、認知的に偏っていないかを検討することである。

また真面目に取り組むが、いつも板書を写すのが遅くて困っている児童生徒はいないだろうか。視覚情報を処理をするスピードが遅く、「書くこと」が苦手な可能性もある。書かせる練習を積むだけではなく、板書を写す時には、キーワードだけ書けば良いことにするとか、黒板をデジタルカメラで写すことを認めるなどの方法も検討できる。従来、学校教育では「自分自身で書くこと」「読むこと」を過度に要求してきたが、苦手な部分をもつ子どもがその苦手さゆえに授業に参加できない状態になっていないか、学びのユニバーサルデザイン（バーンズ亀山, 2019）[2]の視点で見直したい。

また無気力で授業に取り組まない児童生徒と出会った時に、家庭的な背景を考えることが必要な場合がある。マズローの欲求の５段階説では、承認欲求や自己実現欲求より低次な欲求として安全・安心の欲求がある。つまり、頑張ってわかりたい、よい成績をとりたいとか、先生や保護者に褒められたいなどの欲求は、前提として安心して過ごせる安全な環境が満たされて生まれてくる。いまや子どもの貧困は７人に１人と言われるほど、経済状況の悪化している家庭は多い。食事を満足にとることができずに授業をきちんと受ける気持ちにならない場合や、家庭内で保護者のいさかいが絶えずに、安心できる環境ではない場合もある。また保護者が忙しくて、幼い弟や妹の世話に追われている場合もあるだろう。しかし子どもたちは、家庭のなかの困っている状況について簡単には話そうとしない。気になる状況に気づいた時には、教師が児童生徒と信頼関係を築きながら、校内で情報を共有するとともに、スクールソーシャルワーカー[3]に相談するなど、１人だけで抱え込まず、チームで対応することが重要である（末冨, 2017）。

2. 問題行動を起こす児童生徒への対応

児童生徒のさまざまな問題行動には理由がある。なぜそのような行動をするのか、その行動の背景を探ることが重要である。

【事例2】高校に入学して、最初に教師の指示に従わなくなった生徒がＢさんである。授業中に大声でおしゃべりをする、気に入らないことがあると廊下に出てしまい教室に入らない。注意をする教師に対しては食ってかかるなど、授業の邪魔になる行為が止まらな

い。個別に話をすることはできるが、ルールを指導すると激しく反発し、逸脱行為はエスカレートするばかりである。母親を交えての面談の際には、別人のようにおとなしくなり、静かに担任の注意を聞いていたが、数日後にはまたもとの状況に戻ってしまった。

　担任は指導に困って教育相談コーディネーター[4]に相談し、ケース会議[5]を開くことになった。担任、Ｂさんに関わる教員と養護教諭[6]、教育相談コーディネーター、スクールカウンセラー[7]が集まってケース会議が開かれた。担任からの状況説明を聞くと、参加した教員からはＢさんとのかかわりのエピソードが口々に語られた。「壁にいたずら書きをしようとしていて、止めたら『なんでだよ！』とすごまれた」「授業中にいい発言をしたので、褒めた時にはニコニコしていた」「家族のなかで『お母さんは私には厳しくて妹ばかり可愛がる』と涙ぐんでいた」。情報を共有するなかで、人懐っこい面もあるＢさんが、なぜルールに従うことができないのかといった疑問が出された。スクールカウンセラーから、Ｂさんはなんらかのトラウマにより、心が十分に発達していない。Ｂさんのルールを逸脱する行動は、自分がここにいていいのかを確かめている試し行動ではないかという見立てが出され、参加した教員たちは腑に落ちた。

　教員がＢさんの行動の背景を理解しようとしたことは、まず教員のＢさんへの声のかけ方の変化となって現れた。逸脱行為を目にした時に「何やってるんだ！」ではなく「どうしたの？」と声がかかるようになったのである。Ｂさんは徐々に落ち着き、逸脱行為は減っていった。後に、Ｂさんは幼い頃から家庭で厳しいしつけをされ、親から暴力も受けており、それが逸脱行動の背景にあることが明らかになった。

　児童生徒の問題行動にはなんらかの背景がある。背景を理解し、その児童生徒の気持ちを考えることで、指導が児童生徒に届くようになることは少なくない。養護教諭やスクールカウンセラーと連携しながら、ケース会議を開き、その児童生徒のエピソードを集めて検討することは、問題に対処する有効な方策である。

　また問題行動の背景を探るなかで虐待[8]が疑われる児童生徒に出会った場合は、児童相談所[9]への通告を行うことが必要である。近年、虐待の件数は増え続けており、小学生でも命を落とす事例が複数報告されている。誰もが通ってくる学校は、学びの場であるのはもちろんだが、児童生徒の様子を見ることができる場、そして異変を発見できる場である。生徒の様子を普段から注意深くみて、SOSのサインをキャッチしたい。

3. 発達障害のある児童生徒への対応

　通常学級に発達障害のある児童生徒が在籍することは珍しくない。学校生活で困難を抱える場合には、特性に合わせた指導を行うことで、状況が改善することが多い。

　【事例3】小学校4年生のC君は暴言、暴力がひどく、授業中にも落ち着いて座っていられない。とくに算数の時間は大声を出したり、立ち歩いたりする。友だちに大きな石を

投げて、怪我をさせてしまったところから、地域の教育相談センターの相談につながった。教育相談センターでの心理検査の結果などから、ADHDではないかという見立てがなされ、また書くことの難しさをもっていることも明らかになった。教育相談センターの相談員の助言を受けながら、小学校ではC君への対応を見直していくことにした。注意する時には、駄目なところを伝えるのではなく、やってほしいことを伝える。また問題行動をして担任に怒られた時には、ほかの教員が、まず本人の気持ちを受けとめて、その後で何で怒られたかを一緒に考えていく。そのような対応をしばらく続けると問題行動自体が減っていった。またC君は授業中に勝手に教室の外に出て行ってしまうことがあったが、教室を出て行きたくなった時に教員に知らせるカードを、母親がC君と一緒に作り、C君の頑張りたいという気持ちを応援した。さらに苦手な算数の時間はティームティーチングで対応するとともに、文字を書かなくてもチェックすることで解答できる選択式の問題にするなどの学習支援を行った。その結果、C君は授業中に教室に落ち着いていられるようになった。その後無事に卒業し、中学校ではサッカー部に入部して頑張っている。

　各都道府県や市町村には、教育相談センターなどの相談機関が設けられている。児童生徒の特性に応じた支援や、不登校[10]、いじめ[11]などの対応について、専門家に相談することができる。子どものことで悩んでいる保護者に紹介して相談に行くことを勧めるとか、教員が気になる児童生徒について直接相談するなど、活用の仕方はいろいろある。また各地の特別支援学校も相談機能をもっており、とくに発達障害等の子どもの相談には有効である。

　【事例4】中学校1年生のDさんは、幼い頃に高機能自閉症の診断を受けている。中学に入学してから、授業中にまわりの生徒がおしゃべりをすると、Dさんは教師と一緒にそれらの生徒を次々に注意するようになった。最初はびっくりした様子だったまわりの生徒たちは、しだいに反発し、Dさんはクラスメートから疎まれるようになっていった。またDさんは聴覚が過敏であり、大きな音がすると、とてもびっくりしてしまう。その様子がおもしろいと、クラスメートはわざとDさんの近くで大きな音を出すなどのいじめをするようになった。

　徐々にクラスでの居場所をなくしてしまったDさんに対して、担任は、保健室や職員室前のスペースに居場所を確保し、辛い時にはそこで過ごせるようにした。またクラスの生徒のうち、中心になってDさんをからかっていたE君に対して、Dさんの抱える困難さを伝え、働きかけていった。実はE君は、日本語のあまりわからない母親を日常生活で支えながら頑張っている生徒である。E君の大変さをねぎらい、よく頑張っていることを評価するとともに、Dさんのことを話していった。「高橋君にとってはそれほど大きくない音でも、Dさんにとっては、お寺の鐘のなかに入って外からゴーンと叩かれるのと同じくらい、大きく聞こえてしまうんだよ」。教員の説明に対して、E君は「俺、これまでとってもひどいことしてきちゃった」と気づき、Dさんへのいじめはなくなっていった。

発達障害のある児童生徒が、その行動上の特性ゆえに、いじめのターゲットになってしまうことがある。いじめはどのような理由があろうとも、決して許されるものではない。教師は児童生徒にいじめは許さないという強いメッセージを出しながら、いじめのないクラスづくりに取り組みたい。

4. 居心地の良いクラスづくり

　居心地の良いクラスを作りたい。教師なら誰もがそう思うだろうが、それは簡単なことではない。教室のなかの児童生徒の人間関係はしばしば変化するが、それが居心地の悪さとなり、いじめや不登校につながることもある。

　【事例5】小学校3年生のFさんは、おとなしい女子だったが、だんだん自分の教室に入りづらくなり、保健室で過ごすようになった。担任がFさんに話を聞くと、国語の音読で漢字を読めなかった時に、クラスのある女子に「こんなのも読めないの?」と言われて傷ついたことが語られた。ほかにも、クラスのなかできつい言葉を投げかけられることがあり、教室にいるのが辛くなったと言う。担任は、クラスに活発な児童が多く、行事などで盛り上がる良い面がある一方、人が傷つくような発言を時々してしまう児童がいることが気になっていた。そこでクラスのなかで構成的グループエンカウンターのエクササイズの1つである「ふわふわ言葉・ちくちく言葉」にワークシートを使って取り組むことにした。どんな言葉を人に言われたら嬉しい気持ちになるかの「ふわふわ言葉」と、どんな言葉を人に言われたら嫌な気持ちや悲しい気持ちになるかの「ちくちく言葉」を自分の経験から書かせるものである。ワークシートには、「バカ、死ね、キモイ、うざい、むかつく」などの言葉がたくさん書かれ、児童が普段から、ちくちく言葉を互いに言いあっている様子が明らかになった。言われた時の気持ちを再度考えさせ、ふわふわ言葉の温かさを取り上げていくうちに、やがてきつい言葉を口にする児童に、「今のは、ちくちく言葉じゃない?」「ふわふわ言葉にしようよ」という発言がほかの児童から出るようになり、クラスの雰囲気は柔らかくなっていった。その後、Fさんも徐々に教室に入ることができるようになった。

　学校で子どもたちが一番長い時間を過ごすのは、もちろん教室である。教室が児童生徒にとって、安心して過ごせる場所、居心地の良い場所になっているかどうかには、常に気を配りたい。児童生徒の表情や言葉から、子どもたちの変化に気づき、さらに一人の教員の気づきだけではなく、学校全体でその児童生徒に関わる複数の教員が気づきを情報交換し、共有するようなしくみがあることが望ましい。「さっきの時間に、○○さんが暗い顔をしているような気がしたけど」「じゃあ、次の時間に気をつけて観てみますね」。職員室内のちょっとした会話でも、有効な情報交換になる。教員同士のコミュニケーションが良い学校は、児童生徒の不適応や困難に早めに気づき、支援に結びつけることができる。

さらに、教員の観察だけではなく、児童生徒の学級満足度を測る調査などを活用する方法もある。

　気になる児童生徒がいた時、その子どもの話を聞いてみると、どのような手立てが有効か見えてくる場合がある。教室で、隣の席が声の大きな男子になってしまい、それが苦手だというようなささいなことで困っていることもある。我慢できない場合は早めの席替えで対応するとともに、児童生徒のコミュニケーション力や人間関係を形成する力を育てていくことを考えたい。構成的グループエンカウンター、アサーショントレーニング（平木, 2009）[12]などの心理教育的プログラムを行うことや、授業中に協同学習を取り入れることも有効である。

　学校は、すべての子どもたちが、長い時間を過ごし、成長していく場所であり、その過程で日々いろいろな出来事が起こる。その出来事の意味を考え、児童生徒の気持ちを理解していくことは、子どもたちに寄り添う教師には欠かせないことであり、教育心理学の視点がその助けになるのである。

（文中の事例は改変している）

（浜崎　美保）

【引 用 文 献】

バーンズ亀山静子（2019）．UDL（学びのユニバーサルデザイン）　特別支援教育研究 2 月号（pp.2-7）　東洋館出版社

平木典子（2009）．改訂版　アサーショントレーニング　金子書房

角田　豊・片山紀子・小松貴弘（2016）．子どもを育む学校臨床力（pp.192-195）　創元社

神奈川県立田奈高等学校（2011）．文部科学省指定研究開発学校　研究開発報告書

小林正幸（2003）．不登校児の理解と援助（pp.65-88）　金剛出版

末冨　芳（2017）．子どもの貧困対策と教育支援　明石書店

文部科学省（2018）．平成 29 年度　児童生徒の問題行動・不登校等生徒指導上の諸課題に関する調査

用 語 解 説

(1) **受容的、共感的な態度**：受容とは、相手を否定したり評価したりしないで、相手の存在そのものを受け止めることで、共感とは、相手の身になって相手の気持ち、感情をわかろうとすることである。アメリカの心理学者カール・ロジャーズが提唱した来談者中心療法に基づく。たとえば、友人を殴りたいという A 君に対して、「そんなことをしてはダメだ」と指導する前にまず、その気持ちを否定せず、それほど A 君に対して嫌な気持ちをもっていることを理解しようとする。

(2) **学びのユニバーサルデザイン**：障害の有無にかかわらず、すべての子どもが学べるための授業デザインの概念である。取り組みに関する原則、提示に関する原則、行動と表出に関する原則の三つの原則があり、情報の知覚方法を 1 つに限定しないことや、支援を必要に応じて提供したり外したりの環境調整をすることなどで、学びのニーズに対応するもの。

(3) **スクールソーシャルワーカー**：人を支援する福祉の専門職である。社会福祉の専門的な知識、技術を活用し、問題を抱える児童生徒の環境に働きかけ、調整を行い、変化をもたらそうとする。貧困や家庭の課題を抱える子どもの支援のために、各自治体で雇用されている。

(4) **教育相談コーディネーター**：校内に教育相談体制を構築し、学校で児童生徒が抱えるさまざまな問題に対して、学校内外の人をコーディネートして解決へと結びつけていく役割を担っている教員。スクールカウンセラーの相談の予定を組むほか、ケース会議の設定などを行う。

(5) **ケース会議**：児童生徒が抱える問題に対して、関係する教職員が集まり、該当の子どものエピソードを集めて行動の背景や気持ちを理解し、対応を考えていく会議のこと。教育相談コーディネーターが声をかけ、担任、教科担当、スクールカウンセラー、養護教諭などが集まる。

(6) **養護教諭**：学校教育法に「養護をつかさどる」教育職員と規定されている、いわゆる「保健室の先生」。児童生徒が怪我をした時や、体調不良の時の対応をはじめとして、悩みの相談にのることもあり、児童生徒の心身の健康を守るための役割を担っている。

(7) **スクールカウンセラー**：学校で、児童生徒やその保護者、教職員に対して臨床心理に関する専門知識を活かしながらサポートする専門職。児童生徒本人や保護者に対するカウンセリング、教職員へのコンサルテーションなどを行う（角田・片山・小松，2016）。

(8) **虐待**：保護者が子どもに対して、殴る蹴るなどの暴力を振るう身体的虐待、性行為を強要する、性行為を見せるなどの性的虐待、「死ね」「生まれてこなければよかった」などの暴言を子どもに向ける心理的虐待、そして食事を与えない、病気になっても病院に連れていかないなど適切な養育をしないネグレクトの4種類がある。重篤な虐待により、子どもが死亡する場合もあり、近年大きな社会問題になっている。

(9) **児童相談所**：児童福祉法に基づいて設置された行政機関であり、18歳未満の子どもに対する家庭その他からの相談に応じる。近年、子どもと家庭をめぐる問題が多様化・複雑化し、児童虐待の件数が増えるに従い、役割の重要性が増している。

(10) **不登校**：文部科学省によると「不登校児童生徒」とは「何らかの心理的、情緒的、身体的あるいは社会的要因・背景により、登校しないあるいはしたくてもできない状況にあるために年間30日以上欠席した者のうち、病気や経済的な理由による者を除いたもの」（小林，2003）と定義されている。平成29年度の小中学校の不登校児童生徒数は、14万4,031人で過去最多を記録した。不登校の要因は、学校の人間関係や家庭の状況など複合的だと考えられる。

(11) **いじめ**：「いじめ」とは、児童生徒に対して、当該児童生徒が在籍する学校に在籍している等当該児童生徒と一定の人的関係にある他の児童生徒が行う心理的又は物理的な影響を与える行為（インターネットを通じて行われるものを含む）であって、当該行為の対象となった児童生徒が心身の苦痛を感じているものをいう（いじめ防止対策推進法第2条）。平成29年度の小・中・高等学校及び特別支援学校におけるいじめの認知件数は414,378件（前年度323,143件）と増加しており、児童生徒1,000人当たりの認知件数は30.9件（前年度23.8件）である。

(12) **アサーショントレーニング**：多少嫌なことがあっても、嫌だと相手に伝えることができずに我慢してしまう子どもは多い。自分の気持ちも相手の気持ちも大切にしながら、自分の言いたいことを、相手に伝わる仕方で伝えようとするコミュニケーションのトレーニング。

終章

日本における教育心理学の展望

　本書は、学校の先生やこれから教師になろうとしている人、また教育について深く学ぼうとする人にとって大事な考え方や必要な概念を中核として、エッセンスを丁寧にわかりやすく説明することに主眼がおかれている。それらは、時代が変わっても大事にされるべき考え方である。と同時にこれからを考える時に次の2点も考えていっていただきたい。

1. 教育心理学は日々発展：「教育心理学する」探究マインド

　第1章で述べられているように、教育心理学は、教育を対象とし心理学理論に基づく視点から始まっている研究領域である。したがって、車の両輪のように、教育と心理学理論の両方の変化発展により大きな影響を受ける。つまり社会文化的な文脈によって、それぞれの価値や解釈も変わってくる。デジタル化やグローバル化のなかで、これからの時代に求められる資質・能力そのものが変化し、また何をどのように学ぶかの価値も変わってきている。いわゆる読み書き計算といわれた基礎的リテラシーからデジタルリテラシーやデータリテラシー、ヘルスリテラシーなどもこれからの社会を生き抜くのには求められてきている。また知識やスキルの学習だけではなく、地球規模での環境保全や子どもの育ち学ぶ権利を考えるSDGs[1]等、倫理に基づく態度や価値観の育成も求められてきている。

　教育心理学はすでにでき上がった研究や知識ではなく、日々あらたな研究が創られている。日本教育心理学会には約6,000名の会員がおり、研究者や実践者によってあらたな探究が日進月歩で進められている。教育心理学は人が学び育つ事実をつぶさにくり返しとらえていくことによって人の心のなかの動きを探究しようとする学問である。みなさんも採用試験の知識等を得るだけではなく、身のまわりの教え学び・育ち育てられるプロセスについて問いをもって探究する「教育心理学する」マインドセットをぜひ本書を通してもってもらいたい。

2. 教育の向上のために：実践の科学としての長期的視座

　教育心理学の射程は、とても広い。実践の場に活かし教育の質向上に活かすことでその知見が生きる学問である。生徒や教師個人の心理、学級や学校という集団組織の力動と心理、またさらには自治体や国の政策へのエビデンスとしても利用されている。ただしどち

らかというとこれまでは、指導方法や得点等数量で測定でき目に見えやすいものを志向する傾向があった。実際の教室には、うまく学べずにつまづいたり、理解できずに困っている、仲間関係や家族関係で悩んだり、学校や学級に適応できずそれを表現することもできず孤立して困っている、発達段階のようには育っていない、などの多くの事例が身のまわりにはあるはずである。その時に「できる、できない」「あれかこれか」と考えるのではなく、その人がそのようになっている背景の文脈にある多様な要因に目を向け、その人の視点や立場になり考えることが、教育心理学を実践の場で活かすという時にさらに重要になっていくだろう。また一方でウェアラブル機器やセンシング機器で本人にも気づかない情報もこれからは ICT（Information and Communication Technology）、IOT（Internet of Things）の発展でビッグデータの解析も可能となるだろう。教育心理学はノウハウ指南の学ではない。生涯にわたり、個人および社会の幸せと Well-being[2]のための知恵を生み出していく学問なのである。子どもやおとながおかれたエコシステムとしての物理的、社会文化的環境要因をとらえ、多様な次元での解決や改善の方向を考えていくことが必要になるだろう。

　高齢化のなかで生涯において意味があるという見方や、授業や学校教育改革が実際にできるまでにかかる時間という、教育に関わる時間軸を広げて考えることも大切である。私たちは学習等でも直後や短期的効果や成果を求めがちである。しかし深く学び学んだことがつながってみずから使えるようになるまでには、誰でも時間がかかる。また社会情動的スキル[3]は、長期縦断研究によって生涯にわたり社会人になってからの達成や収入等に影響を与えることも明らかになってきている（Schoon, 2015）。また 1990 年代以降、TIMSS[4]、PISA、PIRLS[5]などの国際的な学力到達度調査が実施されるようになり、カリキュラムや学校のあり方などの教育政策にも目が向けられるようになった。カリキュラム改訂や教育のあり方の変化は実施から実際に効果が見えるまでにも時間がかかる。IEA（国際教育到達度評価学会）による TIMSS の報告（Rozman & Klime, 2017）によれば、日本は小集団協働学習において東アジアでも他国より遅れ 2003−2007 年において拡張したが、現在では小集団協働学習がもっとも効果をもって実施されている国となっていると報告されている。ゆっくり、しかしたしかに、教師たちによって子どもの姿を通して納得されながら実践される授業改革が、どの子も深く学ぶために効果をもたらしているともいえるだろう。長期的にも意味がある理論や知見が、教育心理学でこれからも生まれていくことに期待したい。

（秋田　喜代美）

【引 用 文 献】

Schoon,I., Nasim,B., Seihmi,R., & Cook,R. (2015) The Impact of Early Life Skills on Later Outcomes. Paper Presengted at the OECD ECEC network, EDU/EDPC(2015)26.

Rozman,M. &Klime,E. (2017) Exploring cross-national changes in instructional practices. evidence from dour cycles of TIMSS.

(1) SDGs(Sustainable Development Goals)：2015 年 9 月に国連で採択された「持続可能な開発目標」の略称で、「貧困をなくそう」や「質の高い教育をみんなに」など、17 のグローバル目標と 160 の達成目標からなる。行政、企業、そして一般市民を含めてあらゆる組織と人々がこれを意識した取り組みをすることが期待されており、日本の新学習指導要領にも「持続可能な社会の創り手」の育成が掲げられている。

(2) Well-being（幸せ、幸福度）：個人の、また社会や国家の幸せの程度を表す時に、GDP（国内総生産）などの指標が固定的な状態を示すのに対して、より動的な人々の生き方や社会とのかかわりについての充実度や満足度を表す指標の概念。OECD（経済協力開発機構）では、3 つの物質的条件（所得と富、雇用と収入、住居）と 8 つの生活の質（仕事と生活のバランス、健康状態、教育と技能、社会とのつながり、市民生活とガバナンス、環境の質、個人の安全、主観的幸福）からなる 11 項目を Well-being の指標としている。

(3) 社会情動的スキル：いわゆる測れる学力の側面が認知的スキルと呼ばれてきたのに対して、それ以外の資質や姿勢など、能力の情緒的側面をとらえる呼び方で、非認知的能力とも呼ばれる。やり抜く力や他者への敬意、自尊心などが含まれる。これらの能力が学力や将来の成功にも影響を与えている可能性、社会経済的環境による格差との関係、などが研究されるようになった。

(4) TIMSS(Trends in International Mathematics and Science Study)：国際教育到達度評価学会（IEA）が実施している国際数学・理科教育動向調査。この名称となった 1995 年の調査以降 4 年ごとに、小学 4 年生と中学 2 年生を対象として、算数・数学と理科のテストが行われるほか、児童生徒および教員ならびに学校を対象とした質問紙調査も行われている。2019 年は小学校で 58 ヵ国、中学校で 39 ヵ国が参加した。

(5) PIRLS(Progress in International Reading Literacy Study)：2001 年から 5 年ごとに IEA が実施している、読書についての国際調査。小学校 4 年生を対象に、読解力テストと質問紙調査を行うとともに、教員と学校管理職にも質問紙調査を行い、児童の読書経験の環境を調べている。2016 年の調査には 61 の国や地域、自治体が参加した。

【執筆者紹介】 （執筆順）

武田　明典 （たけだ　あけのり）（編者、はじめに、第1章1、3節）

神田外語大学外国語学部教授。臨床心理士、公認心理師、千葉県スクールカウンセラー。専門は、教育心理学・臨床心理学。主な著書に『教師と学生が知っておくべき教育動向』（編著）（北樹出版）など。

村瀬　公胤 （むらせ　まさつぐ）（第1章2、4節）

一般社団法人麻布教育研究所所長。専門は教育方法学、学習科学。主な著書に『教育研究のメソドロジー：学校参加型マインドへのいざない』（共著、東京大学出版）、『Lesson Study and Schools as Learning Communities: Asian School Reform in Theory and Practice』（共編著、Routledge）など。

合田　隆史 （ごうだ　たかふみ）（コラム1）

尚絅学院大学学長。日本生涯教育学会会長。専門は教育行政学、高等教育政策論、生涯学習政策論、主な著書に『現代の教育改革』（分担執筆、ミネルヴァ書房）、『学校の制度と機能』（共編著、玉川大学出版部）など。

大野　雄子 （おおの　ゆうこ）（第2章）

千葉敬愛短期大学現代子ども学科教授。臨床心理士、公認心理師。専門は教育心理学、臨床心理学、児童文化。主な著書に『保育の心理学演習ブック』（共著、ミネルヴァ書房）、『わかりやすい臨床心理学入門』（共著、福村出版）など。

長谷川　真里 （はせがわ　まり）（第3章）

東北大学大学院教育学研究科教授。専門は発達心理学。特に子どもの道徳性・社会性の発達に関する研究。主な著書に『子どもは善悪をどのように理解するのか？』（ちとせプレス）、『発達心理学——心の謎を探る旅——』（北樹出版）など。

田中　未央 （たなか　みお）（第4章）

敬愛大学教育学部准教授。専門は認知心理学。主な著書に『発達と学習』（分担執筆、弘文堂）、『こころの発達によりそう教育相談』（分担執筆、福村出版）など。

宮本　信也 （みやもと　しんや）（第5章）

白百合女子大学人間総合学部教授。小児科医。専門は発達行動小児科学。主な著書に『愛着障害とは何か』（単著、神奈川LD協会）、『学習障害を支援する』（編集、日本評論社）、『保護司のための発達障害Q&A』（監修、日本更生保護協会）など。

楠見　孝 （くすみ　たかし）（第6章）

京都大学大学院教育学研究科長・教育学部長、教授。専門は教育心理学、認知心理学。主な著書に『教育心理学（教職教養講座　第8巻）』（編著、協同出版）、『ワードマップ　批判的思考：21世紀を生きぬくリテラシーの基盤』（共編著、新曜社）など。

164　執筆者紹介

山路　茜（やまじ　あかね）（第 7 章）

岩手大学教育学部准教授。専門は教育心理学、学校教育学。主な著書に『中学校数学科の授業における相互作用プロセス——援助要請を視点として——』（風間書房）、『対話が生まれる教室——居場所感と夢中を保障する授業——』（分担執筆、教育開発研究所）など。

小野田　亮介（おのだ　りょうすけ）（第 8 章）

山梨大学大学院総合研究部准教授。専門は教育心理学、認知心理学。主な著書に『意見文産出におけるマイサイドバイアスの生起メカニズム』（風間書房）、『対話が生まれる教室：居場所感と夢中を保障する授業』（分担執筆、教育開発研究所）など。

溝上　慎一（みぞかみ　しんいち）（コラム 2）

学校法人桐蔭学園理事長・桐蔭横浜大学特任教授。専門は青年・発達心理学・教育実践研究。主な著書に『アクティブラーニングと教授学習パラダイムの転換』（東信堂）、『学習とパーソナリティ——「あの子はおとなしいけど成績はいいんですよね！」をどう見るか——（学びと成長の講話シリーズ 2）』（東信堂）ほか多数。

服部　環（はっとり　たまき）（第 9 章）

法政大学現代福祉学部教授。専門は教育心理測定学。主な著書に『心理・教育のための R によるデータ解析』（福村出版）、『読んでわかる心理統計法』（共著、サイエンス社）など。

吉野　優香（よしの　ゆか）（第 10 章）

立正大学心理学部特任講師。専門は社会心理学，教育心理学，ポジティブ心理学。主な著作に「被援助場面で経験される感謝感情と負債感情の生起過程モデルの検討」（共著論文『心理学研究』）、『看護のためのポジティブ心理学』（分担執筆、医学書院）など。

河村　明和（かわむら　あきかず）（第 11 章）

東京福祉大学大学院保育児童学部専任講師。児童生徒の主体的な学びにおける教育的効果についての研究を行っている。主な著書に『特別活動の理論と実際』『生徒指導・進路指導の理論と実際』（共に分担執筆、図書文化）など。

河村　茂雄（かわむら　しげお）（第 11 章、コラム 3）

早稲田大学教育・総合科学学術院教授。公認心理師、臨床心理士。日本教育カウンセリング学会理事長。日本学級経営心理学会理事長。日本教育心理学会理事。主な著書に『アクティブラーニングを成功させる学級づくり』（誠信書房）、『日本の学級集団と学級経営』（図書文化）ほか多数。

北島　善夫（きたじま　よしお）（第 12 章）

千葉大学教育学部教授。専門は障害児心理学。主な著書に「重症心身障害児の認知発達とその援助」（共著、北大路書房）、「教師と学生が知っておくべき特別支援教育」（編著、北樹出版）など。

会沢　信彦（あいざわ　のぶひこ）（第13章）

　文教大学教育学部教授・発達教育課程長。ガイダンスカウンセラー。専門は教育相談、生徒指導、学級経営。主な著書に『教育相談の理論と方法』（編著、北樹出版）、『アドラー心理学を活かした学級づくり』（編著、学事出版）など。

小山内　秀和（おさない ひでかず）（第14章）

　畿央大学教育学部准教授。公認心理師，臨床心理士。専門は教育心理学、発達心理学で、物語理解、読書行動、社会性の発達などの研究に取り組む。主な著書に『はじめての心理学概論』（共編著、ナカニシヤ出版）、『物語世界への没入体験』（京都大学学術出版会）など。

浜崎　美保（はまさき　みほ）（第15章）

　帝京平成大学現代ライフ学部教授。専門は教育相談。主な著書に『「学びの共同体」の実践　学びが開く！高校の授業』（共著、明治図書）、『学校に居場所カフェをつくろう！──生きづらさを抱える高校生への寄り添い型支援──』（共著、明石書店）など。

秋田　喜代美（あきた　きよみ）（終章）

　学習院大学文学部教授。専門は教育心理学、保育学、学校教育学。主な著書に『学校教育と学習の心理学』（共著、岩波書店）、『学びの心理学』（左右社）など。

事 項 索 引

あ 行

愛着（アタッチメント）　24
アイデンティティ（自我同一性）　48
アクションリサーチ　109〜111
アクションリサーチモデル　110, 111
アクティブ・ラーニング　12, 13, 87
アサーショントレーニング　159
アスペルガー症候群　128
アセスメント　144
アニミズム的思考　26
アルコール依存症　11
アロスタシス　54
アンダーアチーバー　101
意思決定　68
いじめ　157
1語文　26
意味記憶　65
因果関係　107, 108
因果の3原則　107, 108
インフォーマント　110
インフォームド・コンセント　150
インプリンティング　24
打ち消し　56
内田クレペリン精神（作業）検査　45, 150
エビデンス　162
エビデンスベースト　108
演繹　67
エントレインメント　23
オーバーアチーバー　101
置き換え　57
教えて考えさせる授業　87
オペラント条件づけ　10, 75, 90

か 行

ガーグリング　26
外化　93, 94
外向型　43
外在化問題行動　59
概念　65
外発的動機づけ　80
科学―技術―社会　69
科学者―実践者（家）モデル　11
学業不振　101
学習指導　98
学習指導要領　12, 13, 16, 17, 97, 98
学習指導要領の改訂　16
学習障害　128
学習評価　98
学力到達度調査　162

仮説実験授業　84, 85
学級経営　115, 122
学級風土　116
学級崩壊　122
学校から仕事・社会へのトランジション（移行）　93
学校心理学　9
葛藤（コンフリクト）　53
活動あって学びなし　94
家庭教育　9
構え　66, 110
カリキュラム・マネジメント　13, 98
感覚運動期　22, 25
環境閾値説　19
観察　147
観察学習　76
観察法　45, 99, 105, 106
干渉変数　108
感情　48, 49
完全習得学習　11, 89
　　――理論　102
完全無作為デザイン（完全無作為配置）　108
機械的学習　86
気質（temperament）　41, 48
基礎水準　65
基礎的リテラシー　161
帰納　67
基本感情　48
基本的信頼感　24
基本的生活習慣　25
虐待　156
逆転移　55
ギャング・エイジ　27
ギャング・グループ　35
急性ストレス障害　59
教育実践研究　109, 110
教育相談コーディネーター　156
教育評価　96
共通特性　43
協働　84, 92
協働学習　84, 87, 88
緊急反応　54
クーイング　26
具体的操作期　22, 28
グループダイナミックス　114
経験説（環境説、学習説）　18
形式的操作期　22, 28, 32
形成的評価　90, 101
ケース会議　156
ケースの見立て　146
ケース・フォーミュレーション　152

ゲシュタルト心理学　10
ゲス・フー・テスト　118
決定木　69
限局性学習症　129
言語活動の充実　94
言語障害　127
原始反射　23
効果の法則　66
高機能自閉症　157
攻撃機制　55
交互作用　89
功罪表　69
向社会的　37
構成的グループエンカウンター　158
構造化　147
構造化面接　106
行動主義心理学　10
行動描写法　106
行動目録法　106
合理化　56
合理的配慮　124
誤概念　65
国際バカロレア（教育）　12
個人内評価　98
個に合わせた学習　84
個に応じた学習　89, 90
個別特性　43
コンピテンシー　12

さ　行

サイコエデュケーション（心理教育）　9
作業検査法　45, 149, 150
参加観察　106, 152
三項関係　26
参与観察　147
ジェノグラム　146
シェマ　25
視覚障害　124
自我同一性　34
時間見本法　106
ジグソー学習　88
試行錯誤　66
試行錯誤説　74
自己決定　80
自己実現の欲求　80
自己主張　27
自己中心性（中心化）　26
事象見本法　106
システム1　70
システム2　70
自然観察法　147
肢体不自由　125
実験　107

実験条件　108
実験的観察法　147
実行機能　129
質的研究　105, 107
質的転換答申　93
実念論　26
質問紙調査法　107
質問紙法　45, 100, 149
児童相談所　151, 156
児童の最善の利益　150
指導要録　102
指導要録補助簿　102
自閉症　127
自閉スペクトラム症（自閉スペクトラム障害）　128
社会教育　9
社会情動的スキル　162
社会的微笑　23
社会文化的アプローチ　78
尺度　107
従属変数　108
集団守秘義務　151
重度・重複障害　126
授業改革　162
主訴　146
主題統覚検査（ＴＡＴ）　149
手段—目標分析　66
守秘義務　151
受容学習　84, 85, 87, 91
受容的、共感的な態度　154
準拠集団　116
準実験　108, 109
昇華　57
状況的学習論　79
小集団協働学習　162
成就値　101
情緒障害　127
情報処理　77
人格（personality）　41, 42
神経症　58
人工論　26
心身症　58
新生児　23
真性の評価　100
診断的評価　100
心的エネルギー（リビドー）　43
心的外傷後ストレス障害　59
新版Ｋ式発達検査　148
信頼性　99
心理検査　148
推論　67
スキーマ　65
スクールカウンセラー　9, 156
スクールソーシャルワーカー　155

スクリプト　65
ストレス　52
ストレス因関連障害　59
ストレッサー　52, 58
ストレンジ・シチュエーション法　25
スモールステップ原理　90
成育歴　146
性格（character）　41
性格検査法　45
生活習慣病　58
精神年齢　148
生態学的妥当性　109
性的指向　34
性同一性　34
生得説（遺伝説）　18
青年期　32
制約　64
生理的早産　23
生理的微笑　23
勢力資源　119
絶対評価（目標準拠評価、到達度評価）　97
先行オーガナイザー　86, 91
全国学力学習状況調査　13
センシング機器　162
前操作期　22, 26
選択性かん黙症　128
宣言的記憶　65
総括的評価　90, 101
相対評価（集団準拠評価）　97
測定　96
測定尺度　107
ソシオメトリック・テスト　117
育てるカウンセリング　133

た　行

退行　56
大衆化　93
代償　57
第二次性徴　34
ダイバーシティ（多様性）　11
妥当性　109
短期記憶　77
チーム　147
──としての学校　148
チーム学校　9
チーム内　151
知性化　56
知的障害　125
知能検査　10, 148
知能指数（ＩＱ）　148
チャム・グループ　35
注意欠陥多動性障害　129
注意欠如多動症　129

聴覚障害　125
長期記憶　65, 77
長期縦断研究　162
調査　105
直観的思考　69
通信簿（通知表、通知簿）　102
津守式乳幼児精神発達診断検査　148
データリテラシー　161
適応　52
適応機制　55
適応指導教室　151
適応障害　59
適性処遇交互作用　89, 91
デジタルリテラシー　161
テストバッテリー　150
テスト不安　49
手続き的記憶　65
転移　55
同一化　56
同一視　56
投影　56
投影法　45, 149
動機づけ　79
洞察学習　76
統制　108
統制条件　108
闘争／逃走反応　54
道徳性　26
逃避　56
逃避機制　55
特性　43, 47
特性論　42～45
特別支援学級　151
特別支援教育　124
独立変数　108
トラウマ（心的外傷）　52
取り入れ（摂取）　56

な　行

内観療法　9
内言　26
内向型　43
内在化問題行動　59
内的妥当性　108, 109
内発の動機づけ　80
喃語（バブリング）　26
２語文　26
日本教育心理学会　161
日本版デンバー発達スクリーニング検査（ＪＤＤＳＴ）　148
認知的不協和理論　69
感情　49

は　行

パーソナリティ　41, 43, 45, 47, 48, 149
パーソナリティ特性　43
はいまわるアクティブ・ラーニング　94
バウムテスト　45, 150
バズ学習　87
8ヵ月不安　24
発見学習　11, 84~87, 89, 91
発達課題　22, 48
発達指数　149
発達障害　157
発達段階　48
発達段階説　10, 21
発達の最近接領域　27
パフォーマンス評価　100
場面見本法　106
ハロー効果　69
半構造化面接　106, 147
反動形成　56
ハンドリガード　25
ピア・グループ　35
ピグマリオン効果　72
非構造化面接　106, 147
非参加観察　106
非参与観察　147
ビッグデータ　162
ビッグファイブ　44, 47, 149
否認　55
非認知能力　25
批判的思考　70
ヒューリスティック　69, 85
評価技法　99
病弱・身体虚弱　126
標準検査　99
評定　96
フィードバック　150
フィールド　109, 110
フィールドワーカー　109, 110
フィールドワーク　109, 110
輻輳説　18
不等価2群事前事後デザイン　108
不登校　157
フラストレーション　53
ブレインストーミング　88
プログラム学習　90, 92
プロジェクト型学習　87
ヘルスリテラシー　161
防衛機制　55
ホーソン効果　109
ポートフォリオ　88
ポートフォリオ評価　100
ポジティブ感情　49

補償　57
保存の概念　26, 28

ま　行

マインドセット　161
マザリーズ　23
マジカルナンバー7　64
マターナル・デプリベーション（母性剥奪）　25
学びのユニバーサルデザイン　155
満足化　68
無作為化　108
メタ認知　32, 64
――の促進　87
面接　147
面接調査法　106
面接法　45
メンタルモデル　66
モデリング　116
物の永続性　25
モラトリアム　34
問題箱　66

や・ら　行

役割取得　35
有意味学習　86
有意味受容学習　86
ユニバーサル化　93
養護教諭　9, 156
抑圧　55
予習　86
欲求階層論　79
ライフサイクル　21
らせん型カリキュラム　11
ラポール　107, 110
リアクション・ペーパー　90
リッカート法　107
リテラシー　13
リビドー　21
流暢性　69
良定義問題　66
量的研究　105, 107
類型論　42, 44, 45
「ルージュ・タスク」の実験　26
ルーブリック　100
ルクセンブルガーの図式　19
レスポンデント条件づけ　74
連携　151
練習の法則　66
ロールシャッハテスト　45, 149

ＣＡＩ　92
ＤＳＭ　145
ＩＣＤ　145

ＩＯＴ　166
ＩＴＰＡ言語学習能力診断検査　149
ＫＡＢＣ‐Ⅱ心理教育アセスメントバッテリー　149
ＫＩＤＳ乳幼児発達スケール　148
ＭＭＰＩ　149
ＰＤＣＡサイクル　96, 114
Ｐ‐Ｆスタディ　45, 149
ＰＩＳＡ　12

ＰＭ理論　119
ＰＴＳＤ　11, 60
ＱＯＬ（生活の質）　8
Ｑ‐Ｕ　122
ＳＤＧｓ　161
ＳＯＧＩ　34
Well-being　162
ＹＧ性格検査　45, 149

人 名 索 引

アイゼンバーグ（Eisenberg, N., 1950-　）　37
アドラー（Adler, A., 1870-1937）　135
ヴィゴツキー（Vygotsky, L. S., 1896-1934）　11, 27, 78
ウェクスラー（Wechsler, D., 1896-1981）　149
ヴェルトハイマー（Wertheimer, M., 1880-1943）　10
ウェルナー（Werner, H., 1890-1964）　20
ヴント（Wundt, W., 1832-1920）　10
エイソン（Eison, J.）　93
エインズワース（Ainsworth, M. D. S., 1913-1999）　25
エリクソン（Erikson, E. H., 1902-1994）　21, 33, 48
エリス（Ellis, A., 1913-2007）　135
オールポート（Allport, G. W., 1897-1967）　43
キャノン（Cannnon, W. B., 1871-1945）　53
クレッチマー（Kretchmer, E., 1888-1964）　42
ケーラー（Köhler, W., 1887-1967）　76
ゲゼル（Gesel, A., 1880-1961）　18
コールバーグ（Kohlberg, L., 1927-1987）　36
サラパテック（Salapatek, P.）　23
ジェームズ（James, W., 1842-1910）　10
ジェンセン（Jensen, A. R., 1923-2012）　19
シュルテン（Stern, W., 1871-1938）　18
スキナー（Skinner, B. F., 1904-1990）　10, 75
スキャモン（Scammon, R.E., 1883-1952）　20
セリエ（Selye, H., 1907-1982）　53
セルマン（Selman, R. L., 1942-　）　36
ソーンダイク（Thorndike, E. L., 1874-1949）　10, 66, 74

ターマン（Terman, L. M., 1877-1956）　153
デューイ（Dewey, J., 1859-1952）　10
ドライカース（Dreikurs, R., 1897-1972）　135
パーテン（Parten, M., 1902-1970）　27
ハーロウ（Harlow, H., 1905-1981）　24
ハヴィガースト（Havighurst, R. J., 1900-1991）　22
パヴロフ（Pavlov, I. P., 1849-1936）　75
バンデューラ（Bandura, A., 1925-　）　11, 76
ピアジェ（Piaget, J., 1896-1980）　10, 21, 25, 26, 28, 32, 77
ビネー（Binet, A., 1857-1911）　10, 148
ブラウン（Brown, A., 1943-1999）　11
ファンツ（Fantz, R. L., 1925-1981）　23
ブルーナー（Bruner, J. S., 1915-2016）　11
ブルーム（Bloom, B., 1913-1999）　11
フロイト（Freud, S., 1856-1939）　21, 134
ヘルバルト（Herbart, J. F., 1774-1841）　10
ボウルビィ（Bowlby, J., 1907-1990）　24
ポルトマン（Portmann , A., 1897-1982）　23
ボンウェル（Bonwell, C.）　93
マズロー（Maslow, A. H., 1908-1970）　11, 79
モレノ（Moreno, J. L., 1889-1974）　117
ユング（Jung, C. G., 1875-1961）　43
レヴィン（Lewin, K., 1890-1947）　10, 53, 110
ローレンツ（Lorenz, K., 1903-1989）　24
ロジャーズ（Rogers, C. R., 1902-1987）　134
ワトソン（Watson, J. B., 1878-1958）　10, 18

教師と学生が知っておくべき教育心理学

2020 年 4 月 20 日　初版第 1 刷発行
2022 年 3 月 10 日　初版第 2 刷発行

編著者　　武　田　明　典
発行者　　木　村　慎　也
・定価はカバーに表示
印　刷　新灯印刷／製本　新灯印刷

発 行 所　株式会社　北 樹 出 版
http://www.hokuju.jp
〒 153-0061　東京都目黒区中目黒 1-2-6
TEL：03-3715-1525（代表）　FAX：03-5720-1488